Bauzeichnung und Rekonstruktion

Thea und Peter Vignau-Wilberg

BAUZEICHNUNG UND REKONSTRUKTION

Der Bauforscher Wilhelm Wilberg und die Archäologie um 1900

SCHNELL + STEINER

Umschlagabbildung: Rekonstruktion der Fassade der Celsus-Bibliothek in Ephesos
Frontispiz: Athen: Olympieion und Akropolis, 1911. Archiv Vignau-Wilberg, Fürstenfeldbruck.

Gedruckt mit freundlicher Unterstützung von

ÖAW Österreichische Akademie der Wissenschaften
Österreichisches Archäologisches Institut
Deutsches Archäologisches Institut Athen

Bibliographische Informationen der Deutschen Nationalbibliothek:
Die Deutsche Nationalbibliothek verzeichnet diese Publikation
in der Deutschen Nationalbibliographie; detaillierte bibliographische Daten
sind im Internet über https://dnb.de abrufbar.

1. Auflage 2022

Umschlaggestaltung: Anna Braungart, Tübingen
Satz: typegerecht berlin
Druck: Hubert & Co. GmbH und Co. KG, Göttingen

ISBN 978-3-7954-3771-8

Weitere Informationen zum Verlagsprogramm erhalten Sie unter:
www.schnell-und-steiner.de

Inhalt

Vorwort

Wilhelm Wilberg hat unter den deutsch-österreichischen klassischen Archäologen bisher keine gebührende Würdigung erfahren. Der folgende Text soll dazu einen Beitrag liefern. Wilberg durchlief zunächst die gediegene Architektenschule von Ernst Ziller in Athen, seiner Geburtsstadt, wo er sich als begabter Bauzeichner profilierte. Anschließend wurde er am Deutschen Archäologischen Institut unter Wilhelm Dörpfeld bei zahlreichen Ausgrabungen als wissenschaftlicher Zeichner und Bauforscher eingesetzt. Dörpfeld – auch er ursprünglich Architekt – machte Wilberg zu seinem Assistenten. Seine wichtigste Publikation »Das griechische Theater«, 1896, ist nahezu ausschließlich mit Bauzeichnungen – Plänen und baulichen Details – von Wilberg illustriert, der an mehreren Stellen sein Monogramm »WW« hinzufügte. In der Zeit am DAI liegt der Schwerpunkt von Wilbergs Arbeit im exakten Vermessen vor Ort bei Grabungen sowie im anschließenden Aufzeichnen und Wiedergeben von architektonischen Denkmälern und ihrer Rekonstruktion., Das Projekt der archaischen Poros-Architektur der Akropolis wurde von Theodor Wiegand in enger Zusammenarbeit mit Wilberg realisiert. Letzterer nahm die teils verstreut liegenden, teils im früheren Akropolis-Museum aufgestapelten Fragmente auf, rekonstruierte die Bauten und schuf fast alle Abbildungen der Publikation. Wegen seiner besonderen Fähigkeiten wurde Wilberg auch bei Grabungen außerhalb des Instituts herangezogen. Aus den Dokumenten im vorliegenden Text erhält man den Eindruck, dass die Zeit kurz vor der Jahrhundertwende in dem damals noch kaum erforschten Priene und bei den Grabungen in Didyma und Milet für Wilberg eine sehr anregende gewesen sein muss. Die größte wissenschaftliche Anerkennung verdankt er jedoch den Ausgrabungen in Ephesos. Sie fanden vor allem statt, nachdem Wilberg bei der Gründung des Österreichischen Archäologischen Instituts in Athen im Jahr 1898 dessen Institutsarchitekt geworden war und ab 1912 als Erster Sekretär die Funktion als Institutsleiter übernahm. Wilbergs Korrespondenz mit der jungen amerikanischen Archäologin Nellie

M. Reed, die in der Zeit zwischen 1896 und 1902 dokumentiert ist, als er zunächst mit dem DAI und danach als Leiter mit dem ÖAI verbunden war, beleuchtet die Tätigkeit des jeweiligen Instituts vor bzw. nach der Jahrhundertwende.

Nach dem Tod von Wilhelm Wilberg im Jahr 1956 ruhte ein Teil des Nachlasses mehrere Jahrzehnte in der Obhut seines Sohnes Alexander Wilberg in Gmunden, Oberösterreich. Nach dessen Tod 1992 ging er in den Besitz seines Sohnes Peter Vignau-Wilberg über. Die Bibliotheken der Universitäten Bochum, München und Regensburg wurden mit Fachbüchern und Sonderdrucken aus dem Nachlass bedacht.

Wilbergs Korrespondenz mit Nellie M. Reed wurde uns im Sommer 2015 durch Ann Townsend, Petersham, USA – der Enkelin von Nellie Reed – zunächst als Scans, einige Jahre später auch im Original übereignet; gleiches gilt für die Fotos, die den Briefen beigelegt worden waren. Sie bilden die Grundlage des ersten Teils der Monographie.

Eine große Bereicherung für die Verfasser waren die fachmännischen Ratschläge, Ergänzungen und Korrekturen, die Christa Schauer, Österreichisches Archäologisches Institut, Österreichische Akademie der Wissenschaften, Abteilung Athen, aufgrund ihres umfassenden Wissens bei Fragen und bei der Lesung des fertigen Manuskriptes vornahm. Ihr sei dafür herzlich gedankt. Dank gebührt ebenfalls Birgitta Eder und Sabine Ladstätter vom Österreichischen Archäologischen Institut. Für Spezialfragen Ephesos betreffend danken wir Hilke Thür und Ursula Quatember. Das Deutsche Archäologische Institut, Abteilung Athen, das sich von Anfang an lebhaft für das Projekt interessierte, war dankenswerterweise behilflich mit Ratschlägen, Auskünften und Fotos, allen voran Katja Sporn und Katharina Brandt.

Thea und Peter Vignau-Wilberg
Fürstenfeldbruck, Mai 2022

I

Griechenland und Athen im 19. Jahrhundert

Herkunft und Familie Wilhelm Wilbergs

Unter den bedeutenden deutsch-österreichischen Archäologen und Bauforschern, die um die Wende zum 20. Jahrhundert im griechischen Kulturraum tätig waren, ist Wilhelm Wilberg, geboren am 1. Dezember 1872, der Einzige, der in Athen geboren wurde.[1] Um diesen Forscher richtig würdigen zu können, ist es notwendig, sich ein Bild des damaligen Griechenlands, besonders von Athen, und der Kultur in dieser Zeit zu machen.

Den Anfang des modernen Griechenlands bildet der Unabhängigkeitskrieg, den Bewohner des heutigen Griechenlands ab 1821 als Reaktion auf die jahrhundertelange Herrschaft der Osmanen führten. Die Griechen wurden in diesem Krieg durch die europäischen Großmächte Großbritannien, Frankreich und Russland unterstützt. Diese Länder verfolgten dabei weniger ideelle als strategische, wirtschaftliche und politische Ziele. Auch wenn für die europäischen Machthaber ökonomische und machtpolitische Faktoren den Ausschlag gaben, so war bereits im späten 18. Jahrhundert durch die europaweite »Philhellenische Bewegung« das Streben, die griechisch-römisch geprägte europäische Kultur gegen die muslimische zu verteidigen, zu einem zunehmend stärker werdenden Faktor geworden. Die Endphase des Unabhängigkeitskrieges fiel mit dem Russisch-Osmanischen Krieg zusammen, in dem die Osmanen 1830 kapitulierten. Die von den Schutzmächten ausgehandelten »Londoner Protokolle« von 1830 und 1832 regelten die Situation in der Weise, dass Griechenland nach der Ermordung von Ioannis Kapodistrias, dem ersten Staatsoberhaupt des befreiten

1 Siehe Karl Wilberg, Tagebuch 1864–1882, 2 Bände, Ms., Archiv Vignau-Wilberg, Fürstenfeldbruck. Bd. I, Athen 1864–1875, S. 158; 1. Dez. 1872: »Morgens 4.20 Uhr wurde Toni ziemlich rasch von einem starken Jungen entbunden. Er soll heißen: Wilhelm.« Zur Taufe am 6. Februar 1873, Bd. I, S. 160: »Nachmittags 4 Uhr wurde unser Jüngster Wilhelm Adolf Dietrich getauft. Paten sind: W. Koch, A. v. Velsen, Marie Buddeberg, Dietrich Bald.«

Griechenlands (Hellenischer Staat) durch die Familie Mavromichalis am 9. Oktober 1831 im Jahr 1832 zur Monarchie wurde (Königreich Griechenland). Zum ersten König wurde der damals noch minderjährige Otto von Wittelsbach (1815–1867), der zweite Sohn König Ludwigs I. von Bayern, gewählt.[2]

Otto bestieg im Dezember 1832 als König Otto I. von Griechenland den Thron. Ursprünglich war Nauplia (Nafplion) auf der Peloponnes als Hauptstadt des Königreichs Griechenland vorgesehen. In dieser Hafenstadt betrat der erst 17-jährige Otto am 6. Februar 1833 den griechischen Boden. Im Auftrag König Ludwigs I. von Bayern schuf der Hofmaler Peter von Hess (1792–1871) ein triumphales Bild, den *Einzug König Ottos von Griechenland in Nauplia* darstellend (Abb. 1, Detail).[3] Es war König Ludwig und seinem Sohn Otto ein wichtiges Anliegen, in dem Gemälde die ethnische und kulturelle Vielfalt des Volkes der Hellenen zum Ausdruck zu bringen, wie sie sich auch in den Kostümen manifestieren. Das Gemälde – Historienbild und zugleich Gruppenporträt – zeigt im Hintergrund den Palast, in dem König Otto residierte, bis er am 1. Dezember 1834 seine Residenz nach Athen verlegte. Peter von Hess malte einige Jahre später (1839) im Auftrag von König Otto das Monumentalgemälde *Empfang König Ottos von Griechenland in Athen*[4] (Abb. 2, Detail). Der erste Besuch der künftigen Hauptstadt des Königreichs hatte bereits am 23. Mai 1833 stattgefunden. Das Gemälde, das den König vor der Kulisse des sog. Theseion (Hephaisteion) auf der antiken Agora zeigt, wurde zwei Wochen nach diesem Besuch in Auftrag gegeben.

König Otto I. wurde von einem großen Gefolge von Regierungsbeamten, hohen Offizieren, Kauf- und Geschäftsleuten, Architekten, Wissenschaftlern und anderen Intellektuellen sowie Künstlern und Handwerkern nach Griechenland begleitet. Sie ließen sich vorübergehend oder dauerhaft in der neuen Hauptstadt nieder. Athen am Fuß der Akropolis war am Anfang des 19. Jahrhunderts eine kleine, blühende Provinzstadt mit etwa 8.000 Einwohnern. Oberstadt (Akropolis) und Unterstadt waren dicht bebaut. Während des Unabhängigkeitskriegs wurde Athen nahezu völlig zerstört.[5] Nach dem Abzug der türkischen Garnison bestand die Stadt aus einer Anhäufung von Ruinen. Ein Straßennetz war nicht angelegt, die notdürftig hergerichteten Stra-

2 Zur Geschichte des modernen Griechenlands siehe u.a. Ioannis Zelepos, Kleine Geschichte Griechenlands. Von der Staatsgründung bis heute. München 2017, 2. Aufl., S. 37–53.

3 Öl auf Leinwand, 269 x 415 cm. München, Bayerische Staatsgemäldesammlungen, WAF 352 (Neue Pinakothek), 1835 datiert. Kat. Mus. Bd. IV, Spätklassizismus und Romantik, S. 183–188.

4 Öl auf Leinwand, 250 x 415 cm. München, Bayerische Staatsgemäldesammlungen, WAF 353 (Neue Pinakothek), 1839 datiert. Kat. Mus. Bd. IV, Spätklassizismus und Romantik, S. 188–193.

5 Siehe Alexander Papageorgiou-Venetas, Hauptstadt Athen; zur Planungsgeschichte der Neugründung der Stadt im 19. Jahrhundert. In: Das Ottonische Griechenland. Aspekte der Staatswerdung, hrsg. von Alexander Papageorgiou-Venetas, Athen 2002, S. 277.

1 Peter von Hess, Einzug König Ottos von Griechenland in Nauplia, 1835. München, Bayerische Staatsgemäldesammlungen, Inv. WAF 352 (Detail).

2 Peter von Hess, Empfang König Ottos von Griechenland in Athen, 1839. München, Bayerische Staatsgemäldesammlungen, Inv. WAF 353 (Detail).

ßen waren willkürlich gezogen worden. Beim Einzug Ottos fehlten jegliche Verwaltungs- und Repräsentationsgebäude. In der ersten Generation nach der Errichtung des Königreichs waren es in erster Linie in Deutschland geschulte Architekten, die den Stadtplan entwarfen und die Verwaltungsgebäude errichteten. Neben den dänischen Architekten Christian Hansen (1803–1883) und Theophil Hansen (1813–1891, ab 1867 von Hansen) waren es hauptsächlich Schüler von Karl Friedrich Schinkel (1781–1841) und Leo von Klenze (1784–1864). Der griechische Schinkel-Schüler Stamatios Kleanthis (1802–1862) und der deutsche Schinkel-Schüler Eduard Schaubert (1804–1860) erstellten bereits 1832 den Entwurf für den ersten Stadtplan, der von Leo von Klenze mit Korrekturen ausgearbeitet wurde. Die Grundidee von Kleanthis und Schaubert war die einer harmonischen Verschmelzung der neu entstehenden Stadt im Norden und der geschichtsträchtigen Ausgrabungszone im Süden. Was von dem ursprünglichen Plan nach der Revision blieb, war das dreieckige Grundmuster der Hauptstraßen, das heute noch die Innenstadt prägt, das direkte Nebeneinander von alter und neuer Stadt und die Idee einiger Straßendurchbrüche durch die Altstadt (Hermes-, Athena- bzw. Aeolos-Straße d.i. Ermou, Athinas und Eolou). Der Baustil der öffentlichen Gebäude entsprach dem neoklassizistischen Stil jener Zeit im deutschsprachigen Raum, jener Architektur, von der die Obrigkeitsgebäude der Prachtstraßen in München (Ludwigsstraße) geprägt sind. Diese passte sich außerdem organisch der antiken griechischen Architektur an. Am Ende der 70er Jahre des 19. Jahrhunderts war aus der Provinzstadt Athen eine ansehnliche Metropole mit etwa 65.000 Einwohnern geworden.[6]

Bei vielen Bewohnern der umfangreichen Kolonie von Deutschen, Österreichern und Schweizern bestand vom Anfang an das Bedürfnis nach einer Möglichkeit, sich auch außerhalb der Arbeit zu treffen. Zuerst wurden in Nauplia/Nafplion, dann in Athen Gesellschaften gegründet, in denen man die Gelegenheit hatte, am Abend und am Wochenende zusammen zu kommen. Der bedeutendste Verein und jener mit dem längsten Vereinsleben war »Die deutsche Gesellschaft Philadelphia in Athen«, der im September 1837 als geschlossene deutsche Gesellschaft gegründet wurde.[7] Der gemeinnützige Verein setzte sich die Pflege der deutsch-griechischen Beziehungen zum Ziel. Mitglied konnte jeder »deutsche Mann« werden, der seinen Wohnsitz in Athen hatte. Man traf sich im Vereinshaus und konnte dort auch speisen. Es wurden hier Vorträge, Konzerte, Exkursionen und anderes organisiert. Die musikalische Abendunterhaltung wurde auch von den Mitgliedern selbst gestaltet. Schon früh wurde eine Bibliothek aufgebaut, deren Bücher durch Ankauf oder Schenkung erworben wurden.[8]

Zehn Jahre nach der Vereinsgründung wurde ein Grundstück in der zentral gelegenen Omirou (Homerstraße), erworben, auf dem ein Clubhaus mit Restaurant

6 H. G. Lolling, Reisenotizen aus Griechenland 1876 und 1877. Bearbeitet von Bert Heinrich, eingeleitet von Hansjörg Kalcyk (hrsg. vom Deutschen Archäologischen Institut in Athen und der Carl Haller von Hallerstein Gesellschaft in München). Berlin 1989, S. 14. Im letzten Dezennium des 19. Jahrhunderts sollte sie sich zu einer eleganten, mittleren Großstadt entwickeln mit einer großen Auswahl an Läden für die gut gestellte internationale Bevölkerung.

7 Zum Verein und zu seiner Geschichte siehe vor allem: Wilhelm Barth, Geschichte der deutschen Gesellschaft Philadelphia in Athen. Athen (Hestia) 1936.

8 Barth 1936, S. 8.

errichtet wurde. Die Architekten waren dieselben, die zuvor den ersten Stadtplan von Athen entworfen und ausgearbeitet hatten: der Grieche Kleanthis und der deutsche Architekt Schaubert. Der Grundstein zum Vereinsgebäude wurde am 1. Januar 1848 gelegt. Ende des 19. Jahrhunderts wurde es nach Plänen des Architekten Ernst Ziller den neueren Bedürfnissen angepasst. Ziller war ein langjähriges Mitglied von »Philadelphia«; bei ihm erhielt der junge Wilhelm Wilberg seine früheste Ausbildung als Architekt (siehe unten).

Bei den Zusammenkünften von »Philadelphia« traf sich die deutsche Prominenz. Das Clubhaus war eine Anlaufstelle für Politiker, Schriftsteller, Wissenschaftler, Archäologen und Bauforscher, die nicht nur als Mitglieder willkommen waren, sondern auch als Gäste bei ihren Besuchen in Athen. Die beiden Weltkriege verursachten einen tiefen Einschnitt in dem Vereinsleben. Weil der Verein in den deutschen Nationalsozialismus involviert war, wurde er 1944 aufgelöst, sein Besitz wurde enteignet. Nach einem langen Rechtsstreit erhielt er 1978 eine Entschädigung, die es ermöglichte, das heutige Kulturzentrum im Stadtteil Maroussi-Polydrosso zu errichten und den Verein neu zu beleben. Ihr früheres Gelände bezog 1952 das Goethe-Institut Athen (Omirou 14–16).

Stark zur Blüte des Vereins »Philadelphia« in der Mitte der 70er Jahre des 19. Jahrhunderts hat die Gründung der Athener Zweigstelle des Deutschen Archäologischen Instituts (DAI) im Jahr 1874 beigetragen. In dieser Zeit war Heinrich Beck, der Vater des späteren Buchhändlers und Kommissionärs Carl Beck, Schriftführer von »Philadelphia«. Im Jahr 1875 traten der Buchhändler Carl Beck und der Architekt Ernst Ziller – in Athen später der angesehenste Architekt, Erbauer zahlreicher privater und öffentlicher Gebäude im letzten Viertel des 19. Jahrhunderts (u.a. Kronprinzenpalast, Archäologisches Nationalmuseum, Nationalbank, DAI, ÖAI) als Mitglieder von »Philadelphia« ein. Der Verlagsbuchhändler Karl Wilberg, Vater von Wilhelm Wilberg, war 1875 zum deutschen Konsul ernannt worden und trat in dieser Position ebenfalls dem Verein bei. Seitdem war der deutsche Konsul in Athen automatisch Mitglied von »Philadelphia«, was dem Verein einen offiziellen Status verlieh. Die Mitgliederzahl von »Philadelphia« stieg in den 70er Jahren sprunghaft an. Hier verkehrten Archäologen, Philologen und Altertumswissenschaftler wie der hoch angesehene Ernst Curtius[9]

9 Ernst Curtius, Lübeck 1814–1896 Berlin. Althistoriker, Klassischer Archäologe und Topograph. Nach Universitätsstudium zunächst Hauslehrer für die Söhne des Philosophen Christian Brandis in Athen. Reisen durch Griechenland und Kleinasien. Gab durch seine Vorträge den Anstoß zur Ausgrabung von Olympia. Professur der klassischen Philologie und Archäologie in Göttingen (1856–1867), danach Berlin 1867. Auf seine Bemühungen ging die Gründung der Zweigstelle Athen des Deutschen Archäologischen Instituts zurück.

sowie Bauforscher, die sich zwischen den Grabungsperioden für Forschungszwecke und für Vorträge in Athen aufhielten. Heinrich Schliemann[10], der sich 1878/79 von seinem Freund Ernst Ziller seine Stadtresidenz »Iliou Melathron« bauen ließ, war dort häufig Gast. Karl Wilberg wurde am 23. März 1876 zum Vorstand der Gesellschaft »Philadelphia« gewählt[11] und am 20. Januar 1877 zum Vereinsvorsitzenden.[12] Von nun an wurden die preußischen Staatsfeiertage – der Geburtstag des Kaisers am 27. Januar, später auch Bismarcks Geburtstag am 1. April – mit Festivitäten in »Philadelphia« gefeiert. Wilhelm Dörpfeld[13], der seit 1882 zunächst als Architekt des DAI in Athen tätig war, machte das Vereinshaus von »Philadelphia« zu seinem täglichen Zuhause.

Da es essentiell für den Lauf der Geschichte ist, sei hier angemerkt, dass König Otto I. nicht das nötige Feingefühl für die Nöte seiner Untertanen aufbrachte. Es kam zu Spannungen, die letztlich dazu führten, dass König Otto und Königin Amalia im Jahr 1862 das Land verlassen mussten. Otto starb 1867 in Bamberg. Als sein Nachfolger wurde der dänische Prinz Wilhelm von Schleswig-Holstein-Sonderburg-Glücksburg als Georg I. zum »König der Hellenen« bestimmt. Nach seinem Amtsantritt im Juni 1863 regierte er bis zu seiner Ermordung im Jahr 1913 fast 50 Jahre.

10 Heinrich Schliemann, Neubukow 1822–1890 Neapel. Zunächst kaufmännische Ausbildung und Tätigkeit in St. Petersburg und in den USA. 1864–1866 Reise um die Welt und erneut in den USA. Erste Grabungen an Orten, die mit den homerischen Epen in Verbindung gebracht wurden (Troja, Mykene, Tiryns und Orchomenos), Erlangung des Doktorgrades 1869. Zusammen mit dem amerikanischen Konsul Frank Calvert erste Grabungen im Hügel Hissarlik, wo er Troja vermutete. Es folgten zahlreiche weitere Grabungen in Hissarlik.

11 Barth 1936, S. 34.

12 Tagebuch Karl Wilberg, Bd. II, S. 66.

13 Wilhelm Dörpfeld, Barmen /Wuppertal 1853 – 1940 Leukas. Architekt, Bauforscher, Klassischer Archäologe. Als Assistent des Bauforschers Richard Bohn 1877 zu den Grabungen nach Olympia. Vervollkommnung der Grabungstechnik und -dokumentation. Arbeitete mit Schliemann in Troja und Tiryns. Viele parallele Grabungsprojekte. 1886 Zweiter Sekretär des DAI, 1887 Erster Sekretär des DAI und Leiter. Gründung der Deutschen Schule in Athen. Studienreisen mit Studenten, Vorträge, Führungen. »Dörpfeld-Reisen«. Zwölf Grabungskampagnen in Pergamon 1900–1911. Ließ sich vorzeitig pensionieren und widmete sich dann mehrheitlich seinen Privatprojekten zur Frühgeschichte des Heiligtums von Olympia und dem Versuch nachzuweisen, dass Leukas das Ithaka Homers gewesen sei.

Der Buchhändler und Konsul Karl Wilberg

Karl Wilberg[14] (Abb. 3) verfasste im Juni 1882, kurz vor seinem frühen Tod, als Ehrerweis an seine Frau Antonia von Poyda einen Bericht, wie sie einander kennenlernten.[15] Der erste Teil wurde geschrieben »während meiner Badekur auf Ischia zu Casamicciola im Juni 1882.« Ein eigenhändiger Überblick über Karls weiteres Leben schließt an. Dieses Schriftstück wurde am Schluss mit 26. Juni 1882 datiert.[16] Karl starb am 27. Juli 1882 auf der Insel Spetses im Argolischen Golf, südöstlich der Peloponnes und nahe Nauplia/Nafplion, per Schiff damals 8 Stunden von Athen entfernt. Die standesamtliche Meldung seines Todes erfolgte in Athen. Dieses Manuskript von Karl, seine beiden Tagebuchbände über die Jahre 1864 bis 1882 sowie die Erinnerungen, die Karls Sohn Ernst im Jahr 1908 über seinen Vater verfasste,[17] bilden die wichtigsten Quellen des folgenden Abschnittes.

Im ersten Teil seines Berichts beschreibt Karl zunächst seinen Werdegang. Seine Ausbildung als Buchhändler absolvierte er in Koblenz bei seinem Onkel, dem Verleger und Buchhändler Karl Baedeker (1801–1859). Karl Baedeker war der Bruder von Louise Baedeker, Ehefrau von Karls Vater Dr. Friedrich Wilhelm Wilberg.[18] Der Essener Gymnasialdirektor war damals eine Koryphäe auf dem Gebiet der Pädagogik und der Philologie.[19] Dessen Vater war der bedeutende Pädagoge Johann Friedrich Wilberg.[20]

Karl Baedeker sollte durch seine Verlagstätigkeit und seine Verlagsbuchhandlung zum wichtigsten Repräsentanten der akribisch recherchierten Reisebeschreibungen von Ländern und Regionen der ganzen Welt werden. Karl Wilberg beschreibt diesen Lebensabschnitt in seinen Erinnerungen. Sein Sohn und Wilhelm Wilbergs Bruder

14 Karl Wilberg: Essen 1829–1882 Athen.

15 Familienarchiv Wilberg, Abschrift im Archiv Vignau-Wilberg, Fürstenfeldbruck.

16 »Geschichte unserer Verlobung zum Nutzen und Frommen unserer Kinder, und zur eigenen angenehmen Erinnerung« (S. 1–19). Zweiter Teil: »Nachdem ich auch die Geschichte unserer Verlobung erzählt, will ich niederschreiben wie es weiter mit uns ergangen« (S. 20–33) = Karl Wilberg 1882.

17 Ernst Wilberg: Athen 1867–1921 Münster. Eine lockere Folge von Kopien, zusammengestellt anlässlich des Familientages am 6./7. Juni 1981 in Remscheid (Ernst-Eberhard Wilberg). Archiv Vignau-Wilberg, Fürstenfeldbruck.

18 Friedrich Wilhelm Wilberg: Overdiek bei Bochum 1798–1852 Essen. Unsigniertes Gemälde im Besitz Vignau-Wilberg, Fürstenfeldbruck.

19 Deutscher Pädagoge und Philologe. Siehe Friedrich Koldewey: »Wilberg, Friedrich« in: Allgemeine Deutsche Biographie 42 (1897), S. 473–474 [Online-Version]; URL: https://www.deutsche-biographie.de/pnd117377600.html#adbcontent.

20 Johann Friedrich Wilberg: Ziesar 1766–1846 Bonn. Siehe Sander, »Wilberg, Johann Friedrich« in: Allgemeine Deutsche Biographie 44 (1898), S. 518–519 [Online-Version]; URL: https://www.deutsche-biographie.de/pnd117377627.html#adbcontent.

3 Karl Wilberg, Foto Athen 1870.

Ernst[21] tut es folgenderweise: »Dieser Onkel [Karl Baedeker] war der Begründer des jetzt weltberühmten Reisehandbuches. Sein Sohn Fritz verlegte das Geschäft später nach Leipzig. Karl [Wilberg] hatte diesem Onkel Baedeker viel zu verdanken, denn da sein Großvater F. W. Wilberg bereits 1852 starb, war Onkel Karl für alle späteren Entschließungen meines Vaters sehr mitbestimmend. Vater [Karl Wilberg] schätzte deshalb den Onkel sehr als einen streng rechtlichen, klar und mild denkenden Mann, dem er bis an dessen Ende eine treue Dankbarkeit bewahrte.«[22] Karl [Wilberg] besuchte in Essen das Gymnasium bis einschließlich der Untersekunda und trat am 17. Juni 1846 – also mit 17 Jahren – in die Buchhandlung seines Onkels Karl Baedeker in Koblenz ein. 1849/50 diente Karl als Einjährig Freiwilliger in Wesel, musste bei der damaligen Mobilmachung am 16. November wieder zur Truppe zurück und erhielt

21 Im Folgenden ergänzt durch die Erinnerungen seines Sohnes Ernst.

22 Ernst Wilberg, S. 4.

am 15. Februar das Offizierspatent.[23] Am 17. April 1851 trat er in die Buchhandlung H. F. Münster in Verona ein, welche mit der Firma Baedeker in Koblenz in enger Geschäftsverbindung stand.[24] Ab diesem Zeitpunkt weichen die Versionen von Karl und Ernst Wilberg voneinander ab. Wir folgen der Version von Karl. Mit Einwilligung von Karl Baedeker strebte er 1856 an, das Geschäft in Verona zu übernehmen. Münster wollte Karl Wilberg jedoch nur als Teilhaber aufnehmen, gegen Bezahlung einer großen Summe. Sein damals zukünftiger Schwager, der Buchhändler in Triest war, riet ihm ab und versprach, ihm bei dem Erwerb einer Buchhandlung in Athen behilflich zu sein. Und so geschah es.[25] »Ich schätze und ehre Onkel Karl in jeder Hinsicht als meinen zweiten Vater«.[26] Es gab Schwierigkeiten finanzieller Art und Unverschämtheiten von Seiten Münsters. Karl Wilberg war aber bereits ab dem 29. Januar 1857 in Athen.

Das erste und bescheidene Geschäftslokal von Karl Wilberg lag in einer kleinen Nebenstraße,[27] aber schon 1858 verlegte er das Geschäft in die Ermou (Hermesstrasse), die große Hauptstraße Athens. Durch rastlosen Fleiß gelang es ihm, nach zwei Jahren das Geschäft von Herrn Schimpff zu kaufen. Er war nicht der erste deutsche Buchhändler in Athen, denn bereits 1848 gab es dort den Buchhändler Adolf Nast, den Mitunterzeichner des Bauvertrags für das neue Vereinsgebäude der Gesellschaft »Philadelphia«.

Karl war 1856 aus dem preußischen Untertanenverband ausgetreten, da ihm die Staatsangehörigkeit als Österreicher für seine geschäftlichen Beziehungen in Verona (wo er sich damals aufhielt) und Triest nutzbringender und notwendiger erschien. Durch die Kabinettsorder vom 10. März 1856 war er ebenfalls aus dem preußischen

23 Ernst Wilberg, S. 4.
24 Ernst Wilberg, S. 5.
25 »Ich hatte nämlich im Jahre 1856 Lust das Geschäft in Verona zu übernehmen, hatte es mit Münster besprochen und Onkel Karls Einwilligung erhalten. Als derselbe im September durch Verona kam, wollte er die Angelegenheit in Ordnung bringen, da aber zog Münster andere Saiten auf, erklärte, die Geschäfte Triest, Venedig und Verona gehörten organisch zu einander, und könnten nicht getrennt werden; er würde mich als Theilnehmer an dem Geschäft in Verona aufnehmen, wenn ich eine Einzahlung machen würde. Onkel Karl war nicht gegen den Plan, ich behielt mir aber die Zustimmung vor bis ich mich mit meinem künftigen Schwager, dem Buchhändler F. H. Schimpff in Triest (F. H. Schimpff, Piazza della Borsa 11, Triest. Karl hatte sich laut Ernst Wilberg, S. 5, inzwischen mit einem Fräulein Elise Jahn verlobt, dessen Schwager Schimpff war. Die Verlobung löste sich auf bevor Karl nach Athen ging) deshalb benommen [=besprochen] haben würde. Dies that ich wenige Tage später und da der Plan mir eine nur sehr bedingte Selbständigkeit und ein jedenfalls sehr geringes Einkommen in Aussicht stellte, so rieth mir Schimpff entschieden ab, versprach aber seine Hülfe zu einem Etablissement in Athen, das ich schon ein Jahr früher mit meinem Freunde [A.] Oehmigne aus Neu Ruppin geplant hatte, das aber hauptsächlich an dem Widerspruche unserer Eltern gescheitert war. Da faßte ich denn einen raschen Entschluss, kündigte Münster im Dezember und theilte dies Onkel Karl mit, zugleich mit dem Plane nach Athen zu gehen.«
26 Karl Wilberg 1882, S. 6–8.
27 Ernst Wilberg, S. 6.

militärischen Dienstverhältnis ausgeschieden. Ein Jahr später, am 16. März 1857, erfolgte seine Aufnahme in den österreichischen Staatsverband. Nach der Wiederaufrichtung des Deutschen Reiches ließ sich Karl jedoch am 13. Dezember 1871 bei der Regierung in Düsseldorf als Reichsdeutscher naturalisieren.[28]

Karl erzählt eindrücklich von seiner ersten Reise von Athen nach Deutschland im Jahr 1862. In Koblenz lernte er die junge Lehrerin Antonie[29] (Toni) von Poyda kennen. Nach der Verlobung kehrte Karl vorerst alleine nach Athen zurück, in der Absicht, sie so schnell wie möglich zu heiraten: »Die bald darauf ausbrechende Revolution und die Vertreibung König Ottos 1862 brachten keine Änderung meines Entschlusses [...]. Ich war so glücklich eine Wohnung neben dem Geschäfte zu finden.«[30] Karl las Tonis ersten Brief am Fuß der Säulen des »Jupiter«-Tempels (Olympieion).

Mitte Dezember 1862 reiste Karl über Triest, Wien und Dresden nach Essen, war zu Weihnachten dort, am ersten Feiertag in Koblenz. Die Hochzeit wurde auf den 7. Januar 1863 festgelegt, am 5. Januar war die standesamtliche Trauung (Abb. 4). Alle Feiern fanden in großem familiärem Kreis statt. Der Besuch an Freunde und Verwandte brachte viele Reisen mit sich. »Kamen abends in Göttingen an. Dort saßen wir bei Conze[31] und saß ich abends noch lange mit ihm, Ellison und Curtius im Wirtshause. Am anderen Morgen erschien trotz Kälte und früher Stunde Professor Curtius am Bahnhof und überreichte Toni ein Bouquet. In Leipzig waren die Bäume ganz weiß und alles voll dicken Nebels. Ich ließ dort auf dem oesterr. Konsulat Toni als meine Frau in meinen Pass eintragen. Damals war ich noch Oesterreichischer Unterthan, denn als ich noch bei Münster [in] Triest war und verschiedene Male einberufen wurde, trat ich auf den Rath von Onkel Karl aus, nachdem ich zuerst meinen Abschied genommen hatte. Mehrere Jahre lebte ich dann vollständig als Freiherr und erst 1860, glaube ich, leistete ich den oesterr. Untertaneneid.«[32] Das frisch vermählte Paar kam am 28. Januar 1863 in Piräus an, übernachtete vorsichtshalber am Schiff und betrat den

28 Im Tagebuch von Karl Wilberg (Bd. I, S. 130) findet sich am 23. September 1871 der Eintrag »Eingabe an König von Preußen, Bitte um Wiederaufnahme in den preuß. Unterthanenverband«.

29 Antonie Amalie Adolphine von Poyda: Wesel 28.12.1837–Athen 1901.

30 Karl Wilberg 1882, S. 20. Nach Ernst Wilberg, S. 11, zogen Karl und Antonie am 17. Juli 1865 in das Haus hinter der Kirche Hagios Georgios, wo außer den beiden ältesten Söhnen sämtliche Kinder geboren wurden. Vermutlich handelt es sich um die Georgs-Kirche an der Plateia Karytsi (Karytsis-Platz) (mit Dank an Christa Schauer, Athen/Wien).

31 Alexander Christian Leopold Conze, Hannover 1831–1914 Berlin. Klassischer Archäologe und Altertumswissenschaftler.1859 Reisestipendium des DAI, Reisen in Italien und Griechenland. Professur der Archäologie in Halle (1863), Wien (1869), Ausgrabungen in Samothrake, 1877 Direktor der Sammlung der antiken Skulpturen in Berlin. 1887 erster hauptamtlicher Generalssekretär des DAI in Berlin, Beginn der Ausgrabungen in Pergamon, 1902 Gründung der Römisch-Germanischen Kommission in Frankfurt.

32 Karl Wilberg 1882, S. 28.

4 Trauung von Karl Wilberg und Antonie von Poyda, 5. Januar 1862.

griechischen Boden erst am 29. Januar. Anfang Februar fand die erste Militäraktion gegen König Otto statt, im Juli die zweite. Der neue König, Georg I. von Schleswig-Holstein-Sonderburg-Glücksburg kam im November 1863 nach Griechenland.

Das erste Kind, Friedrich (Fritz), wurde 1864 geboren, das zweite, Karl, im Jahr 1865. Sie sollten sich später am intensivsten um die Buchhandlung kümmern. Um das Interesse der großen Verwandtschaft zu befriedigen, wurde die Familie regelmäßig fotografiert und zwar bei dem besten Fotografen in Athen (Petros Moraites, 82 Odos Eolou) (Abb. 5). Von der deutschen Verwandtschaft kam der Vorwurf, dass Toni schlecht aussehe. Tatsächlich litten sowohl Karl als auch Toni zeit ihres Lebens sehr unter der Sommerhitze, die ihnen den Schlaf raubte, aber auch unter dem rauen Winterklima mit Wind und Regen. Ein Freund stellte der Familie bald in den heißen Sommermonaten sein Ferienhaus im noblen Vorort Kifisia unweit der Altstadt von Athen zur Verfügung.

Etwa 1865 bezog die Familie dann das besagte Haus hinter der Kirche Hagios Georgios (Karytsi), dass das Geburtshaus aller Geschwister außer von Fritz und Karl sein

5 Antonie (Toni) Wilberg mit den Kindern Wilhelm (vorne) und Alexander, Athen, 20. Dezember 1877.

sollte. 1871/72 ließ Vater Karl in dem geräumigen Garten neben einem großen Waschraum ein Dienerzimmer[33] und gleich im Anschluss daran einen Schulraum bauen. In dem Garten hatten die Kinder einen großen Sandplatz als Spiel- und Turnplatz. In einer Ecke stand eine Wasserzisterne, die als Wasserreservoir in der heißen Zeit diente.

33 Im Tagebuch ist an vielen Stellen die Rede von den neuen (wohl deutschen) Kindermädchen und von den Hauslehrern. So Dr. Habbo G. Lolling siehe Bd. I, S. 148: 25. April 1872: »Kam der neue Hauslehrer Dr. Lolling an, dem wir mit sehr großer Erwartung entgegengesehen, er macht einen sehr einfachen Eindruck, hat sehr wenig Äußeres (?), hoffentlich aber desto mehr gelernt. Gott gebe, dass sein Eintritt in unser Haus ein recht gesegneter sein möge.« Der Hauslehrer [Ernst] Steinvorth wird im Tagebuch, Bd. II, S. 29, 27.6.1876, genannt (»Steinvorth zieht in das frisch hergerichtete Zimmer, er gefällt uns gut.«). Hauslehrer Ernst Steinvorth war offenbar Biologe; er erscheint als Autor zahlreicher naturwissenschaftlicher Abhandlungen, darunter auch solchen zu Griechenland, zitiert in: Jahreshefte des Naturwissenschaftlichen Vereines des Fürstentums Lüneburg, 10, 1885–1887, S. 44, 49. Lolling sollte ein anerkannter Archäologe und Epigraphiker (Leiter der Inschriftenabteilung des Athener Nationalmuseums) werden.

Viele Verwandte aus Deutschland fuhren nach Athen und besuchten Karl und Toni. Freunde und Wissenschaftler aus Deutschland, die sich in Athen aufhielten, suchten das Gespräch mit Karl und wurden auf Brot und ein Glas Wein eingeladen. In dem Buchgeschäft und im Wohnhaus von Karl Wilberg spielte sich ein lebhaftes kulturelles Leben ab, da auch die Intellektuellen, die in »Philadelphia« verkehrten – wie z.B. Heinrich Schliemann und ab 1882 Wilhelm Dörpfeld – hier des Öfteren eingeladen waren.

Wilhelms Bruder Ernst schildert es folgenderweise: »Vaters Buchhandlung erfreute sich im ganzen Orient des besten Ansehens. Vater hatte die glückliche Gabe, schon nach kurzem Gespräch mit einem Fremden dessen Ansichten über Literatur, über besondere Liebhabereien schnell und richtig heraus zu finden, und war dadurch in der Lage, jedem geeignete Bücher vorzulegen. Kein Deutscher kam nach Griechenland ohne Vater zu sprechen. Viele Gelehrte, Archäologen und Studenten, welche zum Studium der griechischen alten Kunst kamen, fanden ein offenes Haus bei den Eltern und sonntags wurde abends, bei einem einfachen Glas griechischen Weines, viel Musik gemacht, wobei Mutter meistens den Klavierpart übernahm. Prof. von Kekulee[34], Schliemann, Prof. Conze und viele andere sind alljährlich Gäste bei uns gewesen, besonders mit letzterem war Vater sehr befreundet.«[35]

Ernst schreibt außerdem: »Laut Naturalisationsurkunde vom 13. Dezember 1871, also bald nach dem Kriege,[36] ließ sich Vater wieder in den deutschen Untertanenverband aufnehmen«. Karl selbst schreibt im Tagebuch[37]: »Eingabe an König von Preußen, Bitte um Wiederaufnahme in den preuß. Unterthanenverband«. Kurz vor dem Krieg hatte er die Eltern in Deutschland besucht. Er erfuhr erst beim Eintreffen in Athen vom Kriegsausbruch.

Bereits 1875 wurde Karl zum Preußischen Konsul in Athen ernannt.[38] Sein Sohn Ernst beschreibt das Ereignis folgendermaßen: »Ich entsinne mich noch des damals für uns so feierlichen Augenblicks, als das große Konsulatsschild am Haus befestigt und auf dem Hof dicht neben der Eingangstür der Flaggenmast aufgerichtet wurde.

34 Reinhard Kekulé von Stradonitz, Darmstadt 1839–1911 Berlin, Klassischer Archäologe, Altphilologe. 1889 Leitung der Sammlung antiker Skulpturen der Berliner Museen. Große Wertschätzung der Originale. Nach dem Tod von E. Curtius Leitung des Antiquariums dort. Er war an den Grabungen in Milet, Priene und Didyma verantwortlich beteiligt. Einflussreicher Mentor jüngerer Archäologen auf dem Gebiet der akademischen Lehre und der Museumsleitung.

35 Ernst Wilberg, S. 12.

36 Deutsch-Französischer Krieg 1870–1871.

37 Tagebuch Karl Wilberg, Bd. I, S. 130 (23. September 1871).

38 Tagebuch Karl Wilberg, Bd. I, S. 189 (24. März 1875): »Daß der Kaiser meine Ernennung zum Konsul am 31. März vollzogen.«

Vater hat seine Stellung als deutscher Konsul sehr ernst genommen. Er vertrat die deutsche Kolonie würdig nach jeder Richtung, wohnten doch auch noch viele kleine deutsche Handwerker in Athen aus der Zeit des Königs Otto. In der Nähe von Athen war ein Dorf Herakli mit vorwiegend deutscher Bauernbevölkerung, die Vater oft mit uns besuchte«.[39]

Im Jahr 1876 brachten Karl und Toni die beiden etwa zehnjährigen Söhne Fritz und Karl nach Deutschland, wo sie das Gymnasium in Weimar besuchten.[40] Wie ihre beiden Schwestern war Mutter Toni auch selbst eine ausgebildete Lehrerin und eine gute Schulausbildung der Kinder war ihr und ihrem Mann Karl ein wichtiges Anliegen. Der erste Unterricht fand im Haus in Athen durch angehende Philologen bzw. Gymnasiallehrer statt (als erster Dr. Habbo Lolling, danach Ernst Steinvorth und 1881–1883 Dr. Fritz Baumgarten[41]), die als Hauslehrer im Haus wohnten. Eine deutsche Grundschule gab es in dieser Zeit in Athen noch nicht. Habbo Lolling[42] hatte sich 1872 für vier Jahre von seiner Anstellung als Gymnasiallehrer in Clausthal befreien lassen um den Vierjahresvertrag mit Karl Wilberg (mit kleinem Jahresgehalt, freier Unterkunft und Erstattung der Reisekosten) anzunehmen und war als erster Hauslehrer am 25. April 1872 in Athen angereist. Nach Ablauf seines Vertrags bot ihm Karl Baedeker Ende 1876 an, ein Handbuch für Griechenlandreisende zu schreiben. Lolling entwickelte sich zu einem bedeutenden Archäologen und Epigraphiker und beliebten Menschen, dessen früher Tod im Jahr 1894 nicht nur von »Philadelphia« und dem DAI sehr betrauert wurde.[43]

In dieser Zeit waren wohl bereits auch Tonis Eltern: der Hauptmann Adolph von Poyda und Jeannette geb. Gleim in Weimar und es ist anzunehmen, dass sie jeweils die Wilberg-Kinder außerhalb der Schulzeit betreuten. Tonis jüngere Schwester Julie (Tante Julchen) war mit den Eltern nach Weimar gezogen, wo sie ihren Beruf als Lehrerin an dem Sophienstift ausübte.[44] 1878 brachte Toni die Söhne Ernst und Paul nach Weimar (geb. 1867 bzw. 1868). 1881 waren alle Kinder, also auch Wilhelm, in Deutschland vereint (siehe Foto der Firma Hertel Weimar, Oktober 1881) (Abb. 6), wo

39 Ernst Wilberg, S. 13. In Iraklio in Attika existierte eine bayerische Veteranensiedlung aus der Zeit von König Otto.

40 Ernst Wilberg, S. 13. Es wird wohl das Goethegymnasium gewesen sein.

41 Fritz Baumgarten (1856–1913), Rundgang durch die Ruinen Athens. Leipzig 1888.

42 Habbo Gerhard Lolling: Emden 1848–1894 Athen.

43 Siehe H. G. Lolling 1989, S. 13–14. Lollings Grab im evangelischen Teil des 1. Friedhofs in Athen erhielt eine Grabstele nahe der Familie Wilberg. Siehe Schauer 2020, S. 504.

44 Ernst Wilberg, S. 9.

6 Antonie (Toni) Wilberg mit den Kindern, Weimar, Oktober 1881.

sie glückliche Tage verbrachten.[45] Auf dem Heimweg nach Athen starb die Tochter Hanna, geb. 1870, in Verona an Diphterie.[46]

Das Tagebuch von Karl Wilberg enthält in zwei minuziös beschriebenen Oktavheften seine einfühlsamen Bemerkungen zu der Geburt und der Taufe sowie dem Gesundheitszustand seiner geliebten Frau Toni und seiner Kinder (der kleine Wilhelm scheint als Kind eher schwächlich und kränkelnd gewesen zu sein)[47] und auch zum Wetter, wenn es zum Extremen neigte: Der Regen und der kalte Wind im Winter, die seiner Frau und den Kleinkindern immer wieder zusetzten und zu Erkältungen führte, und die Sommerhitze ab Juni, die ihnen und besonders Toni Schlaf und Energie raubte. Zur Erholung fuhr Karl mit der Familie anfangs im heißen Sommer an

45 Tagebuch Karl Wilberg, Bd. II, S. 160, 2. August 1881, »reisend über Trient nach München und dann nach Weimar«.

46 Tagebuch Karl Wilberg, Bd. II, S. 161: ausführliche Erzählung der Krankheit und des Todes von Hanna in Verona (Scharlach und Diphterie).

47 Siehe Tagebuch Karl Wilberg, Bd. I, S. 164, 172.

den Golf von Neapel, auf die Inseln Capri und Ischia, wo das Klima angenehmer war. Das Tagebuch berichtet von seinen Reisen und von gesellschaftlichen Ereignissen: den Zusammenkünften von »Philadelphia«, Einladungen zum Tee und zum Essen mit prominenten Gästen und Freunden, wie dem Architekten und Hochschullehrer Ernst Ziller. Ab Mitte der 70er Jahre intensivierte sich der beidseitige Kontakt mit Heinrich Schliemann.

Schliemann hatte für die Grabungspausen im Winter und im Hochsommer in Athen ein Haus erworben. Für ein würdigeres Verbleiben hatte er einen Palazzo im Zentrum von Athen in Auftrag gegeben, den er von seinem Freund Ernst Ziller entwerfen und bauen ließ: sein »Iliou Melathron« (Megaron von Troja), das jetzt als Numismatisches Museum in Verwendung ist (Panepistimiou 12; Universitätsstrasse 12). Wie die meisten repräsentativen und monumentalen Gebäude dieser Zeit ist es im Stil der Neorenaissance gebaut. Das Palais wurde 1878/79 errichtet und am 30. Januar 1881 eingeweiht. Schliemann legte bei seinem Haus großen Wert auf Weiträumigkeit.[48] Die Familie Schliemann bewohnte es bis zu Schliemanns Tod im Jahr 1890. Seine Witwe Sophia verkaufte es 1926 dem griechischen Staat.

Die Einträge in Karls Tagebuch zu Schliemann und seiner Frau sind zahlreich: So am 29. Januar 1872: »Gestern haben wir Besuch bei Schliemanns gemacht«[49]; am 13. Februar 1873 »Bei Schliemanns zum Diner«[50]; am 17. Januar 1873: »Besuch bei Schliemann«[51]; am 29. Januar 1877: »Schliemann hatte zum Tee eingeladen«[52]; am 4. Oktober 1877: »Schliemann«[53]; am 4. Januar 1879 »großes Diner bei Schliemann«[54]; am 15. Januar 1880 »Abends bei Schliemann, ganz gemütlich«[55]; am 12. Februar 1880 »abends bei Schliemann«.[56] »Bei Schliemann« (3x): 11. Februar und 23. Februar und 4. März 1881.[57] Karl Wilberg starb 1882. Hier brechen die Eintragungen ab.

Auch bei den Zusammenkünften in »Philadelphia« war Schliemann ein häufiger Besucher. Sein plötzlicher Tod am 26. Dezember 1890 in Neapel (nach einer Operation in Halle auf dem Weg nach Griechenland) löste große Trauer aus. Die Totenfeier fand am 4. Januar 1891 im »Iliou Melathron« statt. Ernst Ziller, Erbauer seines Hauses

48 Dazu Schliemann: »Da ich zeitlebens in kleinen Häusern wohnte, möchte ich die restlichen Jahre meines Lebens in einem großen Bau verbringen. Ich möchte Weiträumigkeit und nichts mehr. Du kannst jeglichen Stil auswählen, meine einzige Forderung ist eine breite Marmortreppe, die vom Erdgeschoss zum ersten Stock führen soll und als oberen Abschluss eine Terrasse« (Georg Korres: Heinrich Schliemanns »Iliou Melathron« in Athen. In: Antike Welt, Bd. 19, Nr. 3, S. 62).

49 Tagebuch Karl Wilberg, Bd. I, S. 142.

50 Tagebuch Karl Wilberg, Bd. I, S. 143.

51 Tagebuch Karl Wilberg, Bd. I, S. 160.

52 Tagebuch Karl Wilberg, Bd. II, S. 68.

53 Tagebuch Karl Wilberg, Bd. II, S. 90.

54 Tagebuch Karl Wilberg, Bd. II, S. 108.

55 Tagebuch Karl Wilberg, Bd. II, S. 124.

56 Tagebuch Karl Wilberg, Bd. II, S. 126.

57 Tagebuch Karl Wilberg, Bd. II, S. 152, 153.

und des Deutschen Archäologischen Instituts in Athen, entwarf auch das Grabmal für Heinrich Schliemann auf dem 1. Friedhof von Athen in Gestalt eines auf einem hohen Sockel aufragenden Grabtempels (Heroon), der in griechischer Sprache die Aufschrift »dem Heros Schliemann« trägt.[58]

Auch im Hause Karl Wilbergs war Ernst Ziller als Freund gern gesehen.[59] Der sächsische Architekt und Bauforscher, welcher der Stadt Athen im späteren 19. Jahrhundert durch seine öffentlichen Gebäude ihre prägende Gestalt gab, war als Assistent von Theophil Hansen 1861 nach Athen gekommen und sollte Griechenland ab 1868 nicht mehr verlassen. Er ist im Tagebuch von Karl Wilberg bei verschiedenen Gelegenheiten erwähnt. Noch im Januar 1915 ist er als ordentliches Mitglied der Gesellschaft »Philadelphia« eingetragen.[60] Von 1872 bis 1883 war er Professor für Architektur am »Polytechnion«, der Technischen Universität in Athen. Danach war er als viel beschäftigter freier Architekt tätig. Im Jahr 1884 wurde Ziller zum Ministerialbeamten, zum Direktor für öffentliche Bauten der ersten Kanzlei des Innenministeriums berufen wie ehemals Eduard Schaubert. Damit wurde er faktisch zum Baumeister des griechischen Königs Georg I. Er blieb es zumindest bis zum Griechischen Staatsbankrott von 1893, als zunächst das Bauen aus öffentlichen Mitteln eingestellt werden musste.[61] Wilhelm Wilberg sollte seine ersten Anfänge auf diesem Gebiet in Zillers Architekturbetrieb machen.

Als Ferdinand Adolf Gregorovius mit seinem Bruder im Jahr 1880 einige Monate in Griechenland, davon längere Zeit in Athen weilte, waren sie laut Tagebuch mehrere Male bei der Familie Karl Wilberg zu Gast.[62] Gregorovius arbeitete in dieser Zeit an dem Manuskript einer Publikation über Korfu (siehe weiter unten). Korfu gehörte ursprünglich nicht dem griechischen Königreich an, sondern stand seit 1815 unter britischem Protektorat und war erst im Jahr 1864 mit den übrigen Ionischen Inseln Griechenland übergeben worden.

Wilhelms älterer Bruder Ernst, der in den Jahren kurz nach 1900 einen kurzen Abriss über das Leben der Familie Wilberg in Athen schrieb, meint, Vater Karl habe das Griechische kaum beherrscht. In Anbetracht des langjährigen Hauspersonals, das nur teilweise aus Deutschland rekrutiert wurde, kann das nicht ganz richtig sein: »25 Jahre ist mein Vater in Athen gewesen, aber er hat dort nie so recht heimisch werden können. Sein Herz hing glühend an seinem lieben deutschen Vaterland und

58 Peter Goessler, Wilhelm Dörpfeld. Ein Leben im Dienst der Antike. Stuttgart 1951, S. 82.
59 Ernst Ziller: Radebeul 1837–1923 Athen.
60 Barth 1936, S. 97.
61 Zu Ziller: Demetrios E. Papastamos, Ernst Ziller, Versuch einer Monographie. Athen 1973.– Friedbert Ficker, Ernst Ziller – ein sächsischer Architekt und Bauforscher in Griechenland. Lindenberg 2003.
62 Tagebuch Karl Wilberg, Bd. II, S. 132: 1–2. April 1880, und S. 134, 25. April 1880.

er schätzte die Griechen selbst so wenig, dass er nicht einmal derer Sprache geläufig lernte und sich nur notdürftig darin verständigen konnte. Immer ist sein sehnlichster Wunsch geblieben, nach Deutschland zurück zu kehren, aber als später das Geschäft blühte, als die Familie zahlreicher wurde, schwand diese Aussicht auf Erfüllung immer mehr«. Karl selbst schreibt in seinem Tagebuch kurz vor dem Tod: »Heute ist Toni 19 und ich 25 Jahre in Griechenland. Ein halbes Leben und doch noch fremd im Lande. Es ist doch eigentlich Unrecht denn ich habe doch ein Glück mir gefunden. Es sei mir auch ferne undankbar zu sein für alle das Gute, so wir hier genossen, aber deutsch und griechisch passt nicht zusammen. Einen guten Klang wird es nie geben«.[63]

Der Sohn Wilhelm Wilberg aber fühlte sich, wie wir sehen werden, bei seinem längeren Aufenthalt in Deutschland dort gar nicht heimisch. Er sehnte sich nach den beeindruckenden Landschaften und den bezaubernden Meeresblicken der Umgebung von Athen zurück und er schrieb ein schönes, fast kalligraphisch anmutendes Griechisch und sprach es auch.

Karl erkrankte an einem schmerzhaften Leiden, möglicherweise an einem Tumor an der Wirbelsäule.[64] Er wollte seine Krankheit in Deutschland behandeln lassen.[65] Die Befunde und Berichte seiner Ärzte in Athen wurden nach Leipzig gesandt, denn Karl überlegte, sich dort einer Operation zu unterziehen.[66] Inzwischen wurde versucht, ihm durch Badekuren und Ruhe in einem milden Klima – zuerst in Ischia, danach in Spetses – das Leben erträglicher zu machen. Der Befund scheint jedoch so klar gewesen zu sein, dass Karl am 28. Juni 1882 schrieb: »Abends erhalte ich Zustimmung zur Reise nach Deutschland, die nicht mehr nothwendig«. Am 15. Juli 1882 bricht das Tagebuch ab. Karl starb am 27. Juli 1882 auf der griechischen Insel Spetses, die er Spezzia nennt.[67] Sein Tod wurde zwei Tage später, 29. Juli 1882, in Athen standesamtlich angezeigt. Karl wurde, wie die meisten seiner Kinder, im evangelischen Teil des 1. Friedhofs von Athen beigesetzt. Sein Grab schmückt eine doppelseitige Grabstele.[68] Vor seiner Grabstele befinden sich zwei Marmorplatten mit den Namen

63 Tagebuch Karl Wilberg, Bd. II, S. 168: 29. Januar 1882.

64 Tagebuch Karl Wilberg, Bd. II, S. 175: 20. Juni 1882; »Sehr beunruhigt durch Brief von Dr. Malbrane, der meint ich litte am Rückenmark«.

65 »Deshalb an Toni, ihr den Plan vorgelegt, nach Deutschland zu gehen um dortige Ärzte zu fragen« (22. Juni 1882; Tagebuch Karl Wilberg, Bd. II, S. 175). »Krankengeschichten an Dr. Schwabe gesandt« (23. Juni 1882; Tagebuch Karl Wilberg, Bd. II, S. 175).

66 »Antwort von Dr. Schrön, der derselben Ansicht ist wie Malbrane« (26. Juni 1882; Tagebuch Karl Wilberg, Bd. II, S. 175). »Briefe v. Schrön und Malb. nach Leipzig gesandt«. (id.)

67 Spezzia wird zuvor (Tagebuch Karl Wilberg, Bd. II, S. 141, 22. September 1880) als Feriendomizil in der Nähe von Athen erwähnt: »Toni sehr befriedigt aus Spezia zurückgekommen«.

68 Ausführlich zu den Grabmonumenten der Familie Wilberg in Athen siehe Schauer 2020, S. 504–505, Abb. 4, 5.

seiner als Kleinkinder verstorbenen Kinder Adolf (1866–1866), Max (1869–1870) und Edmund (1874–1874) sowie des an einer Gehirnhautentzündung verstorbenen Sohnes Alexander (1875–1883).[69] Seine Tochter Johanna (1870–1881) wurde in Verona begraben.

Nach dem frühen Tod von Karl führten die beiden ältesten Söhne Fritz und Karl zunächst die Buchhandlung weiter. Auf der Rückkehr der beiden aus Weimar, besonders von Karl jr., nach abgeschlossener Schulausbildung hatte Vater Karl schon im Januar 1882 sehnsüchtig gewartet[70]: »Wenn Karl Ostern steigt [=aufrückt], haben wir vor, ihn ins Geschäft zu nehmen. Ich würde mich sehr darüber freuen eine Hilfe zu bekommen, denn ich hege stets die Befürchtung, dass sich Beck eines Tages hier etabliren wird«. Karl schloss aber nicht ab und sollte ein Jahr länger in Weimar bleiben. Ende Juli 1882 starb Vater Karl nach kurzem Leiden. Die Verlagsbuchhandlung Karl Wilberg existierte nominell bis 1895 weiter. Fritz, der älteste Sohn (1864–1904) war in den späten 90er Jahre kurzfristig an der Bibliothek des DAI beschäftigt[71] und inventarisierte außerdem die Bibliothek von Philadelphia.[72]

In den folgenden Jahren bis zum Ersten Weltkrieg bemühten sich mehrere Verlagsbuchhandlungen um die Position der deutschen Verlagsbuchhandlung: Carl Beck bis 1911,[73] Beck und von Hirst 1896–1900, Wilhelm Barth und Beck 1901–1910 sowie Barth und Eleftheroudakis 1911–1914.[74]

69 Siehe Schauer 2020, S. 505, Abb. 5–6.

70 Tagebuch Karl Wilberg, Bd. II. S. 167, 2.1.1882.

71 Nach Rechnungsbuch des Etatjahres 1897/98 im Jahr 1897 vom März bis Dezember als »Hilfsarbeiter« in der Bibliothek angestellt und ab 1. Oktober mit dem Einarbeiten des Nachlasses (Bibliothek) von Achilleus Postolakas beschäftigt. Frdl. Mitteilung von Katharina Brandt, DAI.

72 Barth 1936, S. 70: »Erst Fritz Wilberg hat die Bücher ordnungsgemäß hergerichtet, Kataloge angefertigt, und für sie wie ein Buchhändler, der er ja war, gesorgt, nicht nur für sie, sondern für die Gesellschaft überhaupt war sein zu früher Tod im Jahr 1904 ein großer Verlust.«

73 Nach freundlicher Auskunft des C.H.Beck-Verlags München (Dr. Wolfgang Beck, E-Mail vom 16.9.2020) lässt sich das Verhältnis zwischen dem Beck-Verlag und Karl Wilberg nicht mehr rekonstruieren, da das Beck'sche Verlagsarchiv mit sämtlichen Geschäftspapieren und Korrespondenzen im Zweiten Weltkrieg den Bomben zum Opfer gefallen ist. Hätte jedoch eine Übernahme der Verlagsbuchhandlung von Karl Wilberg in Athen durch den C.H. Beck Verlag stattgefunden, so wäre dies in älteren Verlagsgeschichten aus den Jahren 1913 und 1963 auf jeden Fall erwähnt worden, was aber nicht der Fall ist.

74 Siehe Siegfried Mackroth, Das Deutschtum in Griechenland. Stuttgart 1930, S. 68.

II

Wilhelm Wilberg
Frühe Erfahrungen

Im Unterschied zu vielen anderen Archäologen schien für den jungen Wilhelm Wilberg der Weg zur beruflichen Beschäftigung mit der griechischen Antike vorgezeichnet zu sein. Er wurde in Athen geboren, wo sein Vater Karl Wilberg seit 1857 Inhaber der Deutschen Buchhandlung war, die zugleich ein wichtiges Kommunikationszentrum innerhalb des intellektuellen Kreises der deutschen Kolonie war.

Wilhelm – im Tagebuch seines Vaters meistens Willi, Willie oder Willy genannt – war als Knabe offenbar von zarter Gesundheit und im winterlichen Athen anfällig für Erkältungskrankheiten. Er genoss etwa 1878 bis 1881 wie seine älteren Geschwister zunächst zu Hause den Unterricht durch einen jungen Hauslehrer, durch Ernst Steinvorth oder Dr. Fritz Baumgarten, und besuchte dann wie seine Brüder das Gymnasium in Weimar. Die Zeit in Weimar blieb ihm immer als eine gute Zeit in Erinnerung. Auch nach der Jahrhundertwende dachte er gerne an seine Jugendzeit in Weimar zurück.[75] Seinen Schulabschluss machte er 1891 in Leipzig.[76] Nach seiner Rückkehr nach Athen, 1891, trat Wilhelm achtzehnjährig in das Architekturbüro von Ernst Ziller[77] ein, dem damals am meisten beschäftigten Architekten, außerdem seit vielen Jahren befreundet mit der Familie Wilberg. Wilhelm eignete sich dort in erster Linie

75 Siehe Brief an Nellie Reed, 23. 4.1901, aus Wien: zu Ostern 1901 war er einige Tage in Weimar bei seiner alten Tante (Julchen). Er und seine Schwester Marianne aus St. Petersburg verlebten dort gemeinsam einige schöne Tage in dem »alten kleinen Nest, in dem wir in unserer Jugend manch fröhlichen Streich ausgeführt«.

76 Lebenslauf im Doktoratsakt Graz 1914. So auch in der Lebensbeschreibung in: 100 Jahre Österreichisches Archäologisches Institut Athen 1898–1998. Hrsg. von Veronika Mitsopoulos-Leon. Wien-Athen 1998, S. 48. Es gibt vom Realgymnasium in Leipzig ein Abgangszeugnis, datiert 20. März 1891, mit der Bestätigung, dass Wilhelm dort zu Ostern 1887 in die Untertertia (= 8. Jahrgangsstufe) aufgenommen und Ostern 1890 in die Obertertia versetzt wurde. (Dokument im Archiv Vignau-Wilberg, Fürstenfeldbruck).

77 Prof. Ernst Ziller, Mavromichalis Str 4, Athen.

jene praktischen Kenntnisse und Fertigkeiten an, die zum Handwerkzeug eines angehenden Architekten gehören. Ziller bestätigt in einem offiziellen Gutachten, datiert 28. September 1896, dass Wilhelm ohne Vorkenntnisse zu ihm kam und sich besonders als Bauzeichner profilierte: »Ich bestätige hiermit Herrn Wilhelm Wilberg vom April 1891 bis April 1893 in meinem Atelier beschäftigt zu haben, und zwar [zunächst] derselbe als schwacher Anfänger, aber bald gelang es ihm durch Fleiß und Ausdauer sich zu einem sehr brauchbaren Zeichner aufzuschwingen.«[78]

Durch die gesellschaftlichen Kontakte seines Vaters und durch den Verein »Philadelphia« war für den bauzeichnerisch begabten Wilhelm Wilberg der naheliegendste berufliche Bezugspunkt das Deutsche Archäologische Institut in Athen, das DAI. Sein Vater Karl war von Anfang an (1. Band 1876) der Verleger der Mitteilungen des Deutschen Archäologischen Instituts, athenische Abteilung (»in Commission bei Karl Wilberg« 1876–1885, und »im Verlag Karl Wilberg« 1886–1895).

Wilhelm war anschließend an seine Lehre bei Ziller regelmäßig als Bauzeichner, Bauforscher und Architekt am Deutschen Archäologischen Institut in Athen tätig. Er hatte dort keine Anstellung, sondern wurde jeweils für seine Leistungen pauschal bezahlt. Das belegen die Rechnungsbücher dieser Jahre. So ist im Etatjahr 1894/95 zweimal der Posten »W. Wilberg für Anfertigungen von Zeichnungen« eingetragen, für die er eine Pauschale von 480 Drachmen erhielt.[79] Im Rechnungsbuch vom Jahr 1895/96 sind in den Monaten Mai bis August 1895 Beträge für »architektonische Arbeiten« an »W. Wilberg« ausbezahlt worden.[80] Daneben lieferte er Forschungs- und Zeichenarbeiten bei Grabungen und Expeditionen, die nicht vom DAI getragen wurden, wie z.B. bei der Grabung in Hissarlik (Troja) im Sommer des Jahres 1893, die von Dörpfeld geleitet wurde.[81] Diese Grabung begann am 1. Mai und wurde am 11. Juli wegen der großen Hitze abgebrochen. Die Kosten der Grabung trug mit Unterstützung des Preußischen Staates Frau Schliemann, darunter auch die Kosten für die drei Assistenten: Alfred Brückner als Archäologe, Max Weigel als Prähistoriker und Wilhelm Wilberg als Architekt.[82] Die Ausgrabungen wurden von Rudolf Rohrer, dem ersten Fotografen des DAI, dokumentiert. Auch das Foto von *»Schliemanopolis in Troja«* vor der Grabungssiedlung mit Brückner, Dörpfeld, Wilberg und Weigel (Abb. 7) stammt

78 Dokument im Archiv Vignau-Wilberg, Fürstenfeldbruck.
79 D-DAI-ATH-Archiv-AR-RW-Titel VI, Rechnungsbuch 1894/1895. Mit freundlichem Dank an Katharina Brandt, DAI.
80 D-DAI-ATH-Archiv-AR-RW-Titel VI, Rechnungsbuch 1895/1896. Mit freundlichem Dank an Katharina Brandt, DAI.
81 Siehe dazu auch Peter Goessler, Wilhelm Dörpfeld – ein Leben im Dienst der Antike. Stuttgart 1951, S. 105–107. W. Dörpfeld, Troja und Ilion (Athen 1902), Bd. I, S. VII–VIII.
82 Goessler 1951, S. 105–106.

7 »Schliemanopolis« vor der Grabungssiedlung in Troja mit Brückner, Dörpfeld, Wilberg und Weigel.

von Rohrer. Die Ergebnisse (als wichtigste Untersuchung jene der Schicht VI) wurden im Winter 1893/94 erarbeitet und erschienen bereits im Jahr 1894, ebenfalls unter Beteiligung von Wilhelm Wilberg.[83] Im April 1894 erfolgte eine weitere Reise nach Hissarlik, an der Wilhelm erneut teilnahm.[84]

Im Jahr 1896 war Wilhelm für die Vermessung einer topographischen Aufnahme der Bauwerke von Thera verantwortlich.[85] Dieses Unternehmen wurde zwar vom DAI Athen unterstützt, war aber kein Projekt des DAI. Die Grabungen wurden vom ver-

83 Troja 1893: Bericht über die im Jahre 1893 in Troja veranstalteten Ausgrabungen. Leipzig 1894.
84 Zur Teilnahme von Wilberg an der Kampagne 1894 siehe W. Dörpfeld, Troja und Ilion (Athen 1902), Bd. I, S. 21 (https://digi.ub.uni-heidelberg.de/diglit/doerpfeld1902ga).
85 P. Wilski, Topographische Aufnahme auf Thera – Sommer 1896, in: Fr. Hiller von Gaertringen, Thera I, Berlin 1899 (https://digi.ub.uni-heidelberg.de/diglit/hiller1899/0369). Zur Finanzierung der Grabungen durch Hiller von Gaertringen siehe auch die Würdigung auf der Gedenktafel in Fira auf Santorin = Thera, https://de.wikipedia.org/wiki/Friedrich_Hiller_von_Gaertringen_(Epigraphiker)#/media/Datei:Friedrich_Hiller_von_Gaertringen_02.jpg.

mögenden Friedrich Hiller von Gaertringen selbst finanziert. Die 4-bändige Thera-Publikation entstand als Parergon (Nebenprodukt) von Hiller von Gaertringens Tätigkeit für das Inschriftencorpus der Berliner Akademie.

Wilberg plante 1896 aus mehreren Gründen (siehe unten), sich an einer deutschen Hochschule weiter zu bilden und erbat dafür ein Gutachten des amtierenden Direktors vom DAI und seinem früheren Vorgesetzten Wilhelm Dörpfeld, der ihm folgende Empfehlung schrieb[86]: »Der Architekt Wilhelm Wilberg ist in der Zeit vom April 1893 bis zum Sept. 1896 als mein Assistent thätig gewesen; er hat sich während dieser Zeit mit der Beaufsichtigung von Ausgrabungen, der Aufnahme antiker Bauwerke und der Anfertigung von Zeichnungen (namentlich zur Publikation) beschäftigt und stets zur vollen Zufriedenheit des Unterzeichneten gearbeitet. In allen Arbeiten dieser Art kann er daher aufs Beste empfohlen werden. Dr. Wilhelm Dörpfeld, Professor«. Dörpfeld hatte einen kleinen Etat »Für besondere Unternehmungen«, aus dem er auch Bezahlungen für gewisse Arbeiten vornehmen konnte.[87]

Das DAI Athen war bereits 1872 durch Ernst Curtius als Zweigstelle des Archäologischen Instituts in Berlin gegründet worden und 1874 am 9. Dezember, dem Geburtstag von Johann Joachim Winckelmann, feierlich eröffnet worden.[88] Die Abteilung Athen war zunächst in einem Miethaus in der Akademiestrasse (Akadimias) untergebracht, ab 1888 dann in dem neoklassizistischen Gebäude Phidiasstrasse 1 (Fidiou 1), zwischen der Universitätsstraße (Panepistimiou) und der Akademiestraße (Akadimias) gelegen. Schliemann, der den Bau wohl größtenteils finanzierte, ließ ihn in großen Linien von Wilhelm Dörpfeld entwerfen und von Ernst Ziller ausführen und gab ihn dem Deutschen Reich für 25 Jahre zur Miete[89] (Abb. 8). Aufgabe des DAI waren die Durchführung von Forschungen zu den klassischen Altertumswissenschaften und die Unterstützung von archäologischen Forschungen deutscher Wissenschaftler. Außerdem wurden Vorträge gehalten und auch Exkursionen in Athen und Umgebung sowie zu anderen antiken Stätten veranstaltet. Unter dem Direktorat von Wilhelm Dörpfeld (1887–1912) waren diese Reisen und Exkursionen für die Teilnehmenden besonders inspirierend.

86 Brief von Wilhelm Dörpfeld, Kaiserlich Deutsches Archäologisches Institut. Athen, 6. September 1896 (Archiv Vignau-Wilberg, Fürstenfeldbruck).

87 Auskunft Katharina Brandt, DAI.

88 Zur Geschichte des DAI Athen siehe Katja Sporn (Hrsg.) unter Mitarbeit von Themistoklis Bilis, Das Deutsche Archäologische Institut in Athen. Architektur und Geschichte. Athen 2018 (PDF-Version: https://www.dainst.org/publikationen/broschueren).– K. Sporn – A. Kankeleit (Hrsg.), Die Abteilung Athen des DAI und die Aktivitäten deutscher Archäologen in Griechenland 1874–1933: Tagung DAI Cluster 5 in Athen. Deutsches Archäologisches Institut und Benaki Museum, 12. bis 13. Dezember 2016. [Wiesbaden: Harrassowitz Verlag] 2019.

89 Goessler 1951, S. 77.

8 Ernst Ziller, Athen, Institutsgebäude des Deutschen Archäologischen Instituts, 1888.

Das DAI gehörte in Athen zu den ältesten ausländischen archäologischen Instituten. Älter war dort lediglich die im Jahr 1846 gegründete École Française d'Athènes (EFA). Von größerer unmittelbarer Bedeutung für das DAI war die American School of Classical Studies at Athens (ASCSA). Sie wurde im Jahr 1881 gegründet als das älteste überseeische Forschungsinstitut der USA (Zentrum in Princeton, USA) an der Souidias 54, während die British School of Athens, gegründet 1886, die Adresse Souidias 52 hat. Bei den Vorträgen und bei den häufig mehrtägigen Reisen, besonders bei den »Dörpfeld'schen Inselreisen«, trafen sich die Stipendiaten und Wissenschaftler von DAI und ASCSA und es bestand ein reger gesellschaftlicher Verkehr. Das Österreichische Archäologische Institut, dessen erster Institutsarchitekt Wilhelm Wilberg wurde, sollte erst 1898 gegründet werden. Die gleichzeitig gegründete Zweigstelle Athen ist seit 1908 ebenfalls in einem Gebäude von Ernst Ziller untergebracht (an der Adresse Leoforos Alexandras 26).[90] Wilberg übernahm später, von 1912 bis nominell 1921 (kriegsbedingt tatsächlich nur bis 1914) als 1. Sekretär die Leitung dieser Zweigstelle des ÖAI.

90 Zur Geschichte des ÖAI Athen siehe: Veronika Mitsopoulos-Leon (Hrsg.), 100 Jahre Österreichisches Archäologisches Institut Athen, 1998.

Der Archäologe Wilhelm Dörpfeld war – ähnlich wie Wilhelm Wilberg – kein philologisch geschulter Archäologe, sondern ein ausgebildeter Architekt und entwickelte sich in Griechenland zum klassischen Bauforscher. Sein klarer Geist und sein kritischer, bautechnisch pragmatischer Blick sollten bereits bei der ersten Begegnung mit Heinrich Schliemann bei den Grabungen in Olympia im Jahr 1881 Schliemann beeindrucken und überzeugen. Schliemann verstand, dass er viel zerstört hatte, indem er bei Grabungen von unten vorgegangen war und in den Berg hinein grub. Damit hatte er allen Schutt hinab gezogen anstatt ihn in horizontalen Schichten von oben sorgfältig abzutragen. Dörpfeld, zunächst Architekt am DAI Athen, wurde 1886 dessen Zweiter Sekretär und ein Jahr später Erster Sekretär und konnte so die Abteilung Athen bis 1912, 25 Jahre lang, leiten. Als Erster Sekretär bezog er eine Dienstwohnung im Gebäude des DAI.[91] Nach dem Ersten Weltkrieg wurde das Gebäude vom griechischen Staat dem deutschen Staat zurückgegeben.[92] Etwa zwanzig Jahre älter als Wilhelm Wilberg, sollte Dörpfeld für Wilhelm ein leuchtendes Vorbild sein. Dörpfeld wurde nach der ersten gemeinsamen Grabung mit Schliemann auf dem Hügel von Hissarlik/Troja im Frühjahr 1882 Schliemanns ständiger Ausgrabungsleiter.[93]

Wilhelm Wilberg übernahm bei den Grabungen von Dörpfeld immer mehr das Zeichnen der Grabungsstätten sowie einzelner Monumente oder Teile davon, was eine exakte und zeitraubende Arbeit war. Er entlastete damit den vielbeschäftigten Dörpfeld und erhielt dafür ein angemessenes Honorar. Vor ihm war der junge Architekt Georg Kawerau in dieser Funktion tätig, nachher ab Frühjahr 1897 Panagiotis Soursos. In mehreren Publikationen ist Wilhelm Wilberg wegen seiner Baupläne entweder auf dem Titelblatt oder im Dankeswort als technischer Zeichner und Mitverfasser erwähnt.[94] Dörpfeld verwendete Wilbergs Bauzeichnungen und Rekonstruktionen auch bei seinen Vorträgen. Einem befreundeten jungen Archäologen in den USA war aufgefallen, dass die gezeichneten Monumente, die Dörpfeld auf seiner Vortragsreise in den USA im Herbst 1896 zeigte, größtenteils das Monogramm »WW« trugen.

In diese Zeit fällt für Wilhelm Wilberg auch der Anfang des Projektes über die archaische Poros-Architektur des Alten Parthenon (Parthenon I). Das Projekt ging ursprünglich aus einem Plan von Theodor Wiegand[95] hervor, den dieser 1888 als Stu-

91 Zu Dörpfeld vor allem Goessler 1951, S. 87.

92 Goessler 1951, S. 86: im Februar 1929 gab es Verhandlungen mit der griechischen Regierung wegen eines neuen Platzes für das DAI außerhalb vom Zentrum (Grundstück in der Regilla-Straße). Sie führten nicht zum Erfolg.

93 Goessler 1951, S. 68.

94 Siehe S. ##.

95 Theodor Wiegand, Bendorf am Rhein 1864–1936 Berlin. Klassischer Archäologe und Philologe. Aufenthalte in Rom und Athen. Stipendium bei Carl Humann in Smyrna. Humann übergab ihm krankheitsbedingt die Grabungsstellen Priene, 1895–1897, und Milet. Danach Apollotempel in Didyma, 1911, und das Heraion auf Samos. 1911–1931 Direktor der Antikensammlung der Preußischen Museen in Ber-

dent gefasst hatte. Wiegand berichtet: »Durch Wilhelm Dörpfeld und Paul Wolters bei den Arbeiten des Kaiserlich Deutschen Archäologischen Instituts in Athen zugelassen, durfte ich damals Zeuge der Ausgrabungen der Königlich griechischen Regierung auf der Akropolis werden und deren glänzenden Fortschritten beobachtend folgen. An die Durchführung meines Plans konnte ich allerdings erst 1894 gehen. Ich begann damit, die teils auf der Kimonischen Burgmauer und im kleinen Akropolismuseum aufgestapelten, teils noch verstreut liegenden Porosfragmente zu ordnen. Dann ließ sich Wilhelm Wilberg, der damals beim Kaiserlich Deutschen Institut als Architekt arbeitete, bereitfinden, die Fragmente der Reihe nach einzeln aufzunehmen. Von ihm stammen fast alle Abbildungen von Architekturfragmenten in den Texten, außerdem die Vorlagen zu Tafel XII und XIII. Auch war Wilberg dabei thätig als nach beendeter Untersuchung die Probe auf meine Zusammenstellungen dadurch gemacht wurde, dass im kleinen Akropolismuseum von jedem der Systeme archaischer Porosbauten je ein Beispiel aus den alten Resten wieder aufgerichtet wurde.«[96] Wiegand musste diese Forschung wegen seiner Grabungen in Priene 1896 im Jahr 1898 unterbrechen.

American Dream 1895–1902

Der Grund von Wilhelms Traum, sich in den Vereinigten Staaten eine Existenz aufzubauen, war wirtschaftlicher Art. Nachdem er sich in Athen vier Jahre lang mit Gelegenheitsarbeiten die notwendigen Finanzen für den Lebensunterhalt beschafft hatte, schien ihm die Zeit reif, eine feste Anstellung anzustreben. Er hatte vor, sich der Welle von jungen Griechen, etwa einem Sechstel der gesamten Bevölkerung, anzuschließen, die ab der Mitte der neunziger Jahre des 19. Jahrhunderts von Griechenland aus in die USA emigrierte.[97] Wenn auch der Grund seines Wunsches zur Auswanderung ein ökonomischer war, so war die treibende Kraft wohl verehrende Zuneigung.

Als Dokument für das Denken und Handeln von Wilhelm Wilberg steht uns aus den Jahren 1895 bis 1902 eine einzigartige Quelle zur Verfügung (Abb. 9). Der junge Architekt – so bezeichnet er sich im November 1895, 22 Jahre alt –, der im Elternhaus in Athen wohnte, war nicht nur ein wohl erzogener und gutaussehender junger Mann, der mit zurückhaltender Höflichkeit und Fleiß die Bearbeitung der wissenschaftlichen Zeichnungen für das Studienmaterial und die Publikationen des DAI

lin. Nach der Pensionierung erneut Rückkehr nach Kleinasien, besonders nach Pergamon.

96 Die archaische Poros-Architektur der Akropolis zu Athen, hrsg. von Theodor Wiegand. Unter Mitwirkung von W. Dörpfeld, E. Gilliéron, H. Schrader, C. Watzinger und W. Wilberg. Kassel-Leipzig 1904, Einleitung.

97 Zelepos 2017 (wie Anm. 2), 2. Aufl. S. 80.

9 Wilhelm Wilberg, Dezember 1896. Foto Atelier Therese, München.

in Athen ausführte. Er war zugleich der vielversprechende Assistent von Wilhelm Dörpfeld und der Schwarm der (wenigen) jungen weiblichen Studentinnen von der ASCSA, die sich als Gäste im DAI zu den Vorträgen trafen, sich an dessen Exkursionen in und um Athen beteiligten und auf den Studienreisen in Griechenland – den »Dörpfeld-Reisen« – mitfuhren. Wilhelm Wilberg verehrte seit November 1895 die gleichaltrige amerikanische Archäologiestudentin und Stipendiatin Nellie Marie Reed (1872–1957) (Abb. 10). Sie gehörte zu den Studenten oder Stipendiaten, die sich während eines Jahres (in diesem Fall 24. Juli 1895 bis 30. Juli 1896) an der American School of Classical Studies (ASCSA) in Athen weiterbildeten. Ihr langjähriger intensiver Briefwechsel spiegelt beider wissenschaftliche und menschliche Entwicklung.[98]

98 Die Briefe von Wilhelm Wilberg an Nellie Reed sind erhalten geblieben und gelangten in den Besitz ihrer Enkelin Ann Townsend in Petersham (Mass.), USA. Sie sandte uns eine komplette Folge von Scans der Originale und im August 2020 die Briefe selbst, außerdem zahlreiche Fotografien.

10 Nellie M. Reed, 1895. Foto Howes Art Gallery, Ithaca, N. Y.

Die deutschen Briefe von Wilhelm Wilberg an Nellie Reed sind komplett erhalten, die von Nellie an Wilhelm fehlen. Dagegen haben sich Briefe von Nellie an ihre Mutter Amelia Elisabeth Leonard Reed und an ihren Bruder Raymond Clinton Reed erhalten, die eine recht persönliche Sicht auf das Geschehen in Athen während ihres einjährigen Aufenthalts ermöglichen. Natalia Vogeikoff-Brogan hat letztere in ihren Studien ausführlich berücksichtigt.[99]

Ihr sei sehr herzlich gedankt. Sämtliche Briefe von Wilhelm Wilberg an Nellie, aus denen zitiert wird, befinden sich nun in Fürstenfeldbruck, Archiv Vignau-Wilberg.

99 Nach ihrer Rückkehr aus Athen nahm Nellie Reed eine Stelle als Lehrerin für Griechisch am Packer Collegiate Institute an, einer Privatschule für junge Frauen in Brooklyn, N.Y., die sie bis 1903 bekleidete. Ihr Ehemann Samuel Howard Burnett, Dr. der Veterinärmedizin, unterrichtete ab 1899 Pathologie und Bakteriologie am New York State Veterinary College, Cornell, und musste sich 1918 aus gesundheitlichen Gründen zurückziehen. Er starb 1928. Danach arbeitete Nellie als Bibliothekarin am Veterinary College Library, Cornell, Ithaka, bis zu ihrer Pensionierung 1944.

Nach heutigem Maßstab kann bei der Korrespondenz zwischen Wilhelm und Nellie nicht von Liebesbriefen die Rede sein.[100] Fester Bestandsteil jeden Briefes ist der Dank für erhaltene Post oder das Bitten um einen Brief. Wilhelm erweist sich als ein Mensch mit einem scharfen Gedächtnis für Daten und gemeinsame Erlebnisse, für Nellies Kleidung und gemeinsame Freunde. Wilhelm suchte bei den Treffen von Teilnehmern aller ausländischen Institute im DAI deutlich ihre Nähe. Er schickt manchmal Fotos mit – sie auch –, besonders gemeinsame »Dörpfeld-Reisen« betreffend, auch Blümchen oder Stickereien. Während Wilhelm seine Gefühle gut zu verbergen weiß, zeigen die Briefe von Nellie Reed an ihre Mutter schwärmerische Gefühlsausbrüche. Wilhelm wird nicht nur einmal als »very handsome« bezeichnet (30. November 1895).[101] Im Brief vom 1. März 1896[102] an ihre Mutter beschreibt Nellie Wilhelm folgenderweise: »he is really one of the handsomest men I ever knew, always immaculate both in appearance and manners and does not seem at all like a German. Aside from his handsome face he is rather tall and carries himself perfectly – do not be alarmed by this description for I have said a great deal more about the Hermes of Praxiteles.«

Er selbst bat sie vom Anfang an um Briefe auf Englisch, damit er besser Englisch lerne; sie solle von ihm per Brief Deutsch lernen (Brief von Nellie Reed an ihre Mutter, 15. Dez. 1895).[103] Sie beschreibt auch seine beiden älteren Brüder Fritz und Karl, die nach dem Tod des Vaters den Buchladen führten (einer der beiden ebenfalls gutaussehend), Wilhelm hatte unter den Studenten den Spitznamen »der Graf«. Am 16. Februar 1896 war Nellie wie häufiger bei Mrs. Wheeler, der Frau von Professor Benjamin Wheeler aus Cornell University, Ithaca, USA, zum Tee eingeladen und lernte dort Wilhelms Mutter Antonie (Toni) kennen. Wilhelm schenkte Nellie einen großen Veilchenstrauß und ihr ganzes Zimmer duftete danach. Sie findet, er wirke so undeutsch, eher amerikanisch (27. Februar 1896).

Im Brief vom 23. April 1896[104] informiert Nellie Reed ihre Mutter, dass Wilberg ihr gesagt habe, dass er, sobald er seinen Militärdienst hinter sich habe und sein weiterbildendes Studium in Deutschland beendet sei, eine Stelle als Architekt in Amerika suchen möchte.

Besondere Aufmerksamkeit verdient der Brief von Nellie und Wilhelm vom 17. Mai 1896, der an Bord des »Theseus« während der Inselreise 1896 geschrieben wur-

100 Die Anrede ist immer förmlich bis zum letzten Brief: »Liebe Miss Reed«, höchstens »Meine liebe Miss Reed«. Wilhelm verabschiedet sich ebenso konventionell: »Ihr«, »Ihr treu ergebener«.

101 Nellie M. Reed Papers, ASCSA, Archives.

102 Ebenda.

103 Nellie M. Reed Papers, ASCSA, Archives. Vgl. Beschreibung im Brief an ihre Mutter: »he is really very nice, tall, dark hair + moustache, fair complexion, fine eyes, rather slender and very handsome« (Nellie M. Reed Papers, ASCSA, Archives).

104 ASCSA, Archives, Nellie M. Reed Papers (Box1).

11 Am Bord des »Theseus«, Inselreise Mai 1896.

de.[105] Wilberg schrieb ihn für Nellies Mutter, wobei die Tochter ihn übersetzen sollte und ihr auch das Original schickte. Wilhelm beschreibt die Reise und die Schiffsroute detailliert (vgl. Zeichnung von Ruth Emerson, Kommilitonin von Nellie Reed[106]). Das Schiff fuhr am 6. Mai 1896 in Piräus ab (Abb. 11[107], Abb. 12). Vom Piräus erreichte man um 10 Uhr die Insel Aegina; nachmittags die Insel Poros, die ausführlich beschrieben wird. Eine Nachtfahrt brachte die Gruppe zur Insel Delos, d.h. Groß-Delos (=Rheneia) und Klein-Delos (=Delos) (mit dem Tempel von Apoll), von dort am Nachmittag nach Mykonos. Nachts fuhr man zurück nach Kap Sunion, dem südlichsten Punkt von Attika. Alles Sehenswerte wird beschrieben. Hier angelangt wird der Brieftext unterbrochen und erst am 15. Mai fortgesetzt. Über Kap Sunion erreichten die Reisenden die Insel Andros. Der Brief endet vorerst hier und wird erst am 17. Mai in Athen am Arbeitstisch im DAI beendet. Von Kap Sunion aus besuchte man in Attika Thorikos, Marathon und anschließend Rhamnous. Die Reise führte weiter über Euböa, mit Besichtigung von Eretria (auf Euböa), Oropos in Attika und Chalkis auf Euböa (mit dem Blick auf den schneebedeckten Parnassos), nur vom Schiff aus sah man die Ther-

105 ASCSA, Archives, Nellie M. Reed Papers (Box 1). Siehe auch Vogeikoff-Brogan 2019, S. 258.

106 Abb. Vogeikoff-Brogan 2019, S. 259, Abb. 7.

107 Abb. Vogeikoff-Brogan 2019, S. 259, Abb. 8.

mopylen und aus größerer Entfernung den Berg Athos, bevor die Rückreise Richtung Athen angetreten wurde. Wilhelm bricht damit den Reisebericht für Nellies Mutter ab, da es in Athen so viel Dringendes zu tun gibt. Nellie berichtet ihrer Mutter, dass Wilhelm am 20. Mai für den Militärdienst gemustert wurde und wegen seiner Körperlänge als untauglich befunden wurde. »Nun habe ich ein Jahr meines Lebens gewonnen«, wäre sein Kommentar dazu gewesen (Brief von Nellie Reed an ihre Mutter vom 21. Mai 1896).[108]

An dieser Stelle soll ein weiteres Thema aus beiden archäologischen Gebieten angesprochen werden. In mehreren Briefen wird Nellie von Wilhelm »Brauronia« genannt, offenbar ein Spitz- oder Kosename für sie. Miss Ruth Emerson und Miss Jacob, zwei ihrer Freundinnen, amüsiert es offensichtlich, wie Wilhelm dieses Wort auf Englisch ausspricht und lassen es ihn im Scherz wiederholen.[109] Wilhelm verabschiedet sich in Briefen mit »my dear Brauronia« (Brief vom 4. Juni 1896), er denkt auf der Akropolis an »seine Brauronia« (8. Juni 1896) und sagt »Gute Nacht liebe Brauronia – Ihr treuer Freund Wilhelm Wilberg« (Brief vom 6. Juli 1896). Noch in München, in einem Brief vom 20. November 1896, schließt er seinen Brief mit »Gute Nacht liebe Brauronia«. Nun befindet sich im Nachlass von Wilhelm Wilberg eine kleine geschnitzte Figur eines Bären aus braunem Holz (Abb. 13). Unter seinen Fußsohlen ist in Großbuchstaben eingeritzt: »Athen 20. Mai 1896«. An dem erwähnten Tag fand, wie wir sahen, Wilbergs Musterung für die preußische Armee statt, bei der er zu seiner Erleichterung als untauglich beurteilt wurde. Die Vermutung liegt nahe, dass Nellie Wilhelm den Bären als Abschiedsgeschenk vor ihrer Heimreise gegeben hat. Im Brief vom 8. Juni 1896 beschreibt er, wie er mit dem Bären in der Hand die Inschrift mit dem Datum herstellt. Er hat seine Brauronia offenbar sein ganzes Leben lang überall hin mitgenommen.

Was hat es mit der Bezeichnung Brauronia auf sich? In Brauron in Attika, etwa 30 km von Athen entfernt, befand sich das Zentrum der Verehrung von Artemis Brauronia. Die keusche Artemis wurde dort verehrt als die Beschützerin der Mädchen, der jungen Frauen, der Fruchtbarkeit und der Geburt.[110] Das älteste Heiligtum befand sich in Brauron selbst. In Brauron bestand bereits eine enge Verbindung zwischen dem Kult der Artemis und einem ihrer heiligen Tiere, dem Bären. Nach der Überlieferung wurde ein Bär einst durch junge Männer getötet, was den Zorn der Göttin auf die Stadt Athen erregte. Zur Versöhnung sollte jährlich ein Mädchen geopfert werden.

108 ASCSA, Archives, Nellie M. Reed Papers (Box 1).

109 Brief an Nellie M. Reed, 4. Juni 1896.

110 Dazu ausführlicher in Verf., Artemis und die Bärinnen. In: Courage & Empathie. Festschrift für Wolfgang Holler, hrsg. von Michael Semff. München 2022, S. 262–271.

12 Wilhelm Wilberg und Nellie Reed. Gruppenbild der Inselreise Mai 1896 (Detail).

13 Brauner Bär, Abschiedsgeschenk von Nellie Reed an Wilhelm Wilberg, Holz.

Dieses Ritual entwickelte sich im Laufe der Zeit derart, dass eine Anzahl von jungen Mädchen vor der Ehe einige Zeit im Dienst von Artemis Tempeldienst zu erfüllen hatten. Sie wurden »Bärinnen«, Arktoi, genannt und ihr Tempeldienst wurde als eine Vorbereitung für die Ehe betrachtet. Auf der Akropolis in Athen wurde im 6. Jahrhundert ebenfalls ein Heiligtum für Artemis Brauronia errichtet, dessen Reste am Ende des 19. Jahrhunderts an der Südwestecke, zwischen den Propyläen und dem Parthenon (beide Monumente sind jünger als das Brauronion) freigelegt wurden. Dörpfeld hielt vor den jungen Archäologen regelmäßig Akropolis-Vorlesungen, kombiniert mit Führungen, bei denen offenbar auch das Heiligtum von Artemis Brauronia auf dem Programm stand.

So erhält der Spitzname für Nellie Reed als Brauronia einen neuen Aspekt. Die keusche Nymphe Callisto, die nach Ovids Metamorphosen (II, 401–530) Jupiter in Gestalt von Artemis schwängerte und von Juno aus Rache in einen Bären verwandelt wurde, lebte dank des Eingreifens Jupiters danach am Firmament als Sternbild (Großer Bär) weiter. Wilhelm Wilberg spinnt auch diese Geschichte in einem Brief weiter aus:

»Neulich habe ich auch zu meiner großen Freude mein Sternbild gefunden, was ich damals in Delphi vergeblich suchte. Es steht nordöstlich vom großen Bären [Punkte für Sterne gezeichnet], und sieht so aus [W durch Punkte für Sterne]: fünf hell leuchtende Sterne, so groß wie beim großen Bären.[111] Vielleicht können Sie es mal

111 Brief an Nellie M. Reed vom 14. Juni 1896.

finden, wenn es Sie interessiert, sonst muß ich es Ihnen mal in America zeigen!« Es handelt sich um das W im Sternbild Kassiopeia.

Nellie reagierte offenbar sofort darauf und Wilhelm schrieb ihr am 6. Juli 1896 zurück: »Es freut mich, dass Sie meinem Sternbild so viel Aufmerksamkeit widmen. Ich sehe es auch immer an, wenn ich abends ausgehe. Jetzt doppelt so gerne, da ich weiß, dass Sie es auch sehen. Möge es Sie recht gut behüten, so als ob ich es selbst wäre.«

In Kephissia (Kifisia) war die Gruppe neulich bei Dörpfeld in seiner Sommerresidenz eingeladen, meldete Wilhelm Nellie in einem Brief vom 30 Juli 1896, man ging nach dem Essen spazieren bei klarem Sternenhimmel, besonders das W leuchtete, und er musste stark an sie denken. Ihr ging es wohl ähnlich, denn viele Jahrzehnte später erlebte die Enkelin, dass die betagte Nellie Reed, verwitwete Mrs. Samuel Howard Burnett (1872–1957) die Augen zum klaren Sternenhimmel erhob, Kassiopeia suchte und seufzte »Ah, W for Wilhelm, Wilhelm Wilberg«.[112]

Wilhelms Idee, in »America«, den USA, als angestellter und finanziell abgesicherter Architekt seinen Lebensunterhalt zu verdienen, war bereits vor seiner Bekanntschaft mit Nellie Reed entstanden. Seit seiner Lehrzeit bei Ernst Ziller hatte ihn als Architekt auch das Baumaterial der antiken und modernen Monumentalbauten fasziniert. Ziller hatte in den siebziger Jahren als selbständiger Unternehmer seine »Kementplattenfabrik« gegründet und beabsichtigte, »wenn es irgend geht, alle Häuser in Athen, und alle Fußsteige mit Platten täfeln zu lassen«. Wichtig war ihm die »Bewachung des Fabrikgeheimnisses«. Im ersten Jahr brachte ihm die Fabrik einen Reingewinn von 3.000 Drachmen ein »und wenn die Sache gut geht, so werde [er sich] in Athen ein Haus davon bauen.« Ziller war zufrieden mit dem Unternehmen, das noch 1890 in Betrieb war.[113] Ähnliches schwebte auch anderen Unternehmern vor. So berichtet Wilhelm Wilberg von einem Schweizer, Herrn Steiger, den er auf dem Schiff auf seiner Reise nach München im Herbst 1896 kennengelernt habe.[114] Er lebte in London und hat geschäftlich in Griechenland und in den USA zu tun. In London leitete Herr Steiger ein großes Unternehmen, das die Herstellung einer neuen Art von Zement (Konkurrenz zum Portland-Zement) vorantrieb. Er überlegte, aus Griechenland Pentelischen Marmor auszuführen nach West-Europa und in die USA. Da man dort nicht

112 E-Mail von Ann Townsend an Verf., 30. August 2015.

113 Siehe https://de.wikipedia.org/wiki/Ernst_Ziller#Selbstständiger_Unternehmer

114 Brief an Nellie Reed vom 21. Oktober 1896. Erstaunlich ist, dass das Gespräch mit Herrn Steiger nicht das früheste war, das Wilhelm Wilberg zu einem Aufenthalt in den USA inspirierte. Nellie berichtet ihrer Mutter schon in einem Brief vom 23. April 1896, dass Wilberg überlegt sich nach absolviertem Militärdienst eine Stelle als Architekt in Amerika zu suchen.

gewohnt sei, Marmor zum Bauen zu verwenden, was in Athen sehr üblich ist, sollten Fotografien und Pläne von Athener Bauten zeigen, wie der Marmor zu verwenden sei. Um dies zu bewirken wollte er in den Ländern »offices« gründen jeweils unter der Leitung von jungen in Griechenland geschulten Architekten. Für sein Vorhaben schien ihm Wilhelm Wilberg sehr geeignet.[115]

Von München aus wird er in seinen Briefen an Nellie Reed auf dieses »Angebot« mehrmals zurückkommen (so Brief vom 5. November 1896). Er hört in München u.a. Vorlesungen über Baumaterialien, so die Verwendung von Ziegeln und Zement (Brief vom 14. November 1896), was auch in Zusammenhang mit dem anlaufenden Projekt von Interesse ist. Konkreteres ergibt sich in den folgenden Monaten offenbar nicht,

115 »Bei der Überfahrt zum Schiff kam ich mit einem Herrn zusammen, der auch mit Cook reiste. Er sieht aus wie ein alter Engländer, sprach aber wie ich hörte auch deutsch. Er fragte mich auf Englisch, wo ich hinreiste und wie er hörte nach Deutschland, sprach er deutsch und war sehr interessiert in mir einen Architekten zu erkennen. Ich schreibe Ihnen von dem Herren so genau, da diese Reisebekanntschaft vielleicht bestimmend und entscheidend für mein ganzes Leben sein kann« [...] »Die Hauptzeit habe ich mit dem Herren verplaudert, von dem ich Ihnen oben schrieb, seinen Namen habe ich gar nicht verstanden. Da diese Bekanntschaft für mich sehr wichtig werden kann, so müssen Sie etwas Geduld haben und mich ruhig anhören. Er ist Schweizer, lebt aber in London und hat dort die Leitung eines großen Unternehmens, die Herstellung [S. 2] einer neuen Art von Cement, eine Konkurrenz gegen den Portland-Cement. Er war dafür in Griechenland schon seit Anfang des Jahres und ist dort auf den Gedanken gekommen, den Pentelischen Marmor auszuführen. Er hat auch gleich seine Gesellschafft in London dafür interessiert, hat Verträge mit der Regierung und den Klöstern abgeschlossen und in kurzer Zeit wird eine Bahn gebaut um die Blöcke in die Ebene hinunter zu schaffen. Nicht genug hiermit hat er sich auch damit beschäftigt, was jetzt aus dem Marmor würde, wenn er ihn nach Europa und Amerika exportirte. Dies ist gar keine so einfach Sache, da man draußen nicht gewohnt ist bei Bauten Marmor zu verwenden, während dies in Athen allgemein der Fall ist. Er wollte also in verschiedenen Ländern große Offices einrichten, die unter Leitung von Architekten ständen, die dann wieder den Architekten in den betreffenden Ländern durch Photographien und Pläne von Athener Bauten zeigen sollten, den Marmor zu verwenden und so den Marmor einzuführen. Er war nämlich von der Athener modernen Architektur ganz entzückt und erklärte mir, seiner Ansicht nach sei Athen die schönste Stadt die er je gesehen und er kenne fast die ganze Welt. Sein Wunsch war nun gewesen einen jungen Mann zu finden, der die Athener Architektur studiert hatte, kurz alles, was auf mich zutraf. Nachdem er einige Zeit mit mir über meine Studien gesprochen hatte, sagte er, dass wir uns jedenfalls im Leben noch einmal treffen würden, da ich bis jetzt alle seine Bedingungen erfüllte. Wenn ich noch etwas mehr praktische Erfahrung hätte, und seine Gedanken sich alle so verwirklichten, so wäre ich sein Mann. Ich sprach ihm auch von America, wo er oft gewesen (9-mal!). Er sagte, dass das gerade das Land sei, mit dem er am meisten rechnete und wenn ich wollte so könnte mir die Gesellschaft in London irgendwo eine Stellung verschaffen, da sie eine große Verbindung mit Architekten und Baugeschäften hätten. Denken Sie mal, welches Glück! Natürlich gehe ich jetzt ruhig nach München und warte dort das Weitere ab. Er war damit sehr einverstanden; er geht jetzt für einige Tage nach London und ist in 14 Tagen wieder in Athen, um die Kontrakte alle zum Abschluss zu bringen. Jedenfalls müssen seine Hintermänner viel Geld haben, da im Anfang sehr viel Geld von diesem [S. 3] Unternehmen verschlungen werden wird. Aber wenn die Transport-Kosten billiger werden wie die des italienischen Marmors, so kann man mit dem Pentelischen Marmor alle Konkurrenz schlagen!«

dennoch schreibt er am 24. Juni 1897 noch aus München: Mit Herrn Steiger habe er nach wie vor Kontakt, dieser käme im Sommer nach Athen. »Neben allen meinen archäologischen Arbeiten verliere ich doch dieses Ziel [nämlich: America] nicht aus den Augen und ich hoffe, daß sich mein Lieblingswunsch, bei dieser Gesellschaft einmal thätig sein zu können, erfüllt.«

Aus Athen am 26. Juli 1897 schreibt er an Nellie Reed, dass er in den kommenden Tagen die Steinbrüche der englischen Marmorgesellschaft des Herrn Steiger besuche. Die Gesellschaft konnte die Steinbrüche des Klosters Pendeli (Pentelikon) doch nicht bekommen und habe dann Brüche an der Nordseite des Berges angekauft. Sie ließe jetzt eine Bahn bauen um die Steine bis zum Meer zu transportieren. Diese liegen in der Nähe von Ikaria [=Ikarion in Attika], (hinter dem Pentelikon/Pendeli), das von den Amerikanern ausgegraben worden sei. Es sei ihm unklar ob er jemals eine Anstellung bei der Gesellschaft bekommen würde.

Es vergeht noch ein Jahr und dann entscheiden andere Ereignisse Wilhelm Wilbergs Leben. Am 23. März 1898 erhält er eine permanente Staatsstelle am neugegründeten Österreichischen Archäologischen Institut und schreibt, dass er damit seinen Lieblingswunsch, nach Amerika zu kommen, begraben muss. Auch die Korrespondenz zwischen Wilhelm Wilberg und Nellie Reed wird nun spärlicher. Nellie gratuliert Wilhelm in einem Brief offenbar zu seiner Verlobung, eine Tatsache, die Wilhelm in seinem Brief vom 23. April 1901 entrüstet zurückweist: »Ich muß Ihnen gestehen, daß ich weder verliebt noch verlobt bin, daß ich also Ihre freundlichen Wünsche nicht annehmen kann.« Allerdings wird es nicht mehr lange dauern, bis er seine künftige Frau kennenlernt und heiratet (1904) und bis Nellie Reed sich im Sommer 1902 mit ihrem künftigen Ehemann Samuel Burnett verlobt, den sie im Sommer 1903 heiratet.[116] Beider Korrespondenz, die sich nun ausschließlich um Archäologisches handelt, endet am 25. Oktober 1902 mit einem Brief aus Ayasoluk.

116 Auskunft von Ann Townsend, E-Mail an Verf., 30. August 2015.

III

Wilhelm Wilbergs Tätigkeiten am DAI, in München und in Priene

Nellie Reed hatte Ende Juli 1895 bis Ende Juli 1896 ein Jahresstipendium von der ASCSA in Athen erhalten. Sie lernte Wilhelm Wilberg dort wohl im November 1895 kennen.[117] Die nun folgenden Projekte wurden dem Briefwechsel zwischen Wilhelm und Nellie entnommen, d.h. es ist von ihnen erst nach Nellie Reeds Rückreise in die USA die Rede.

Im März 1896 begleitete Wilhelm Wilberg Gäste des DAI und besuchte mit ihnen gemeinsam mit Dörpfeld die Ausgrabungsprojekte in Athen, darunter die Freilegung der Agora und die Erforschung der großen Wasserleitung und des Stadtbrunnens.[118] So krochen illustre Gäste zum Beispiel durch die unterirdischen Kanäle, unter ihnen der bereits betagte Mr. Penrose[119], Gründungsdirektor der Britischen Archäologischen Schule.[120] Die Einladungen bei Mr. Benjamin Wheeler und seiner Frau – er Professor für Archäologie am Cornell College, Ithaka, USA, derselben Universität, wo auch Nellie studierte – sind nach ihrer Abreise für Wilhelm ein tröstlicher Ersatz für ihre Abwesenheit. Mit Mr. Wheeler kann er außerdem über seine amerikanischen Pläne sprechen.[121]

Eine seiner Hauptaufgaben im DAI ist die Bearbeitung der Aufzeichnungen und der Zeichnungen der Monumente für die Publikationen der Kollegen und für das DAI, besonders für Dörpfelds Buch über das griechische Theater (Wilhelm Dörp-

117 Vgl. Brief an ihre Mutter vom 30. November 1895 (Archiv ASCSA).

118 Vgl. Goessler 1951, S. 99.

119 Francis Cranmer Penrose, Bracebridge, Lincolnshire 1817–1903 Wimbledon. Britischer Architekt und Klassischer Archäologe. Untersuchte an den Tempeln Griechenlands die Schwellung der Säulenschäfte und die Kurvatur horizontaler Bauteile. Von 1886 bis 1887 Erster Direktor der British School in Athen, ein zweites Mal stand er dem Institut von 1890 bis 1891 vor.

120 Brief an Nellie Reed vom 26. März 1896.

121 Brief an Nellie Reed vom 31. Mai 1896.

feld – Emil Reisch, Das griechische Theater. Beiträge zur Geschichte des Dionysos-Theater in Athen und weiterer griechischer Theater, Athen 1896). Dörpfeld schreibt in seinem Vorwort, datiert Juli 1896: »Die dem Buche beigegebenen Zeichnungen sind fast alle von dem Architekten Wilhelm Wilberg nach unseren Aufnahmen oder Angaben angefertigt. Auch bei der Vervollständigung der Aufnahmen hat er wertvolle Hülfe geleistet. Wo fremde, schon veröffentlichte Zeichnungen benutzt sind, wie z.B. bei mehreren Grundrissen von Theatern außerhalb Athens ist dies im Text ausdrücklich hervorgehoben«. Dies ist bei den Tafeln IV (Skene und Orchestra des Dionysos-Theaters in Athen – Ergänzung) (Abb. 14) und VII (Theater in Epidauros) (Abb. 15) deutlich vermerkt. Wilhelm steht dabei fast immer unter Termindruck.[122] Wenn die Tage im Sommer zu trocken und zu heiß, zu windig und zu staubig werden, besteigt Wilhelm gegen Abend den Lykabettos, den Stadtberg im Herzen Athens, oder die Akropolis, wo er einen seiner Lieblingsplätze einnimmt und den Sonnenuntergang betrachtet. Er fährt häufig mit dem Fahrrad nach Palaion Phaleron / Alt-Phaleron, der alten Hafenbucht bei Piräus.[123] Er begleitet die Amerikanerinnen Miss Jacobi und Miss Ruth Emerson bei ihrer Abreise bis zum Schiff in Piräus[124], so wie er Nellie Reed bei ihrer Heimreise nicht nur bis zum Piräus, sondern bis Patras Geleit gegeben hatte.[125]

Wilhelms Plan, seine Zukunft als Architekt in den USA zu suchen, wird stets konkreter, auch wenn ihm seine amerikanischen Freunde und Bekannten in Athen eher davon abraten. Er möchte jetzt so schnell wie möglich Athen verlassen, vielleicht schon im Oktober 1896, und sich dann in München oder in Berlin eine Stelle in einem »Office« suchen und daneben Vorlesungen an der Universität belegen. Wenn Mr. Wheeler oder Dörpfeld, der eine Vortragsreise in die USA plant, dort einen geeigneten Job für ihn finden sollten, könne er den Aufenthalt in Deutschland jederzeit abbrechen und eventuell bereits im Februar 1897 in die USA fahren. Im Juni 1896 geht bei zunehmender Hitze die sommerliche Grabungssaison zu Ende und die Wissenschaftler treffen nacheinander in Athen ein[126]: aus Kleinasien Hans Dragendorff[127] und Hans Schrader[128], Wiegand aus Priene, Dörpfeld aus Thera (Thira), zusammen mit

122 Brief an Nellie Reed vom 31. Mai 1896.
123 Brief an Nellie Reed vom 14. Juni 1896.
124 Brief an Nellie Reed vom 22. Juni 1896.
125 Brief an Nellie Reed vom 31. Mai 1896.
126 Brief an Nellie Reed vom 22. Juni 1896.
127 Hans Dragendorff (Dorpat, Estland 1870–1941 Freiburg i.Br.). Klassischer Archäologe und Altphilologe. 1896/97 Stipendiat vom DAI. 1902 Leitung der vom DAI gegründeten Römisch-Germanischen Kommission in Frankfurt a.M. (römische Vergangenheit Deutschlands). 1911 Generalsekretär des DAI in Berlin. 1922 Lehrstuhl Archäologie in Freiburg /Br.
128 Hans Schrader (Stolp, Pommern 1869–1948 Berlin). Klassischer Archäologe und Klassischer Philologe. Ab 1888 Studium in Berlin bei E. Curtius und R. Kekulé. 1895 Stipendium des DAI zusammen mit Theodor Wiegand. Grabung in Priene, mit Wie-

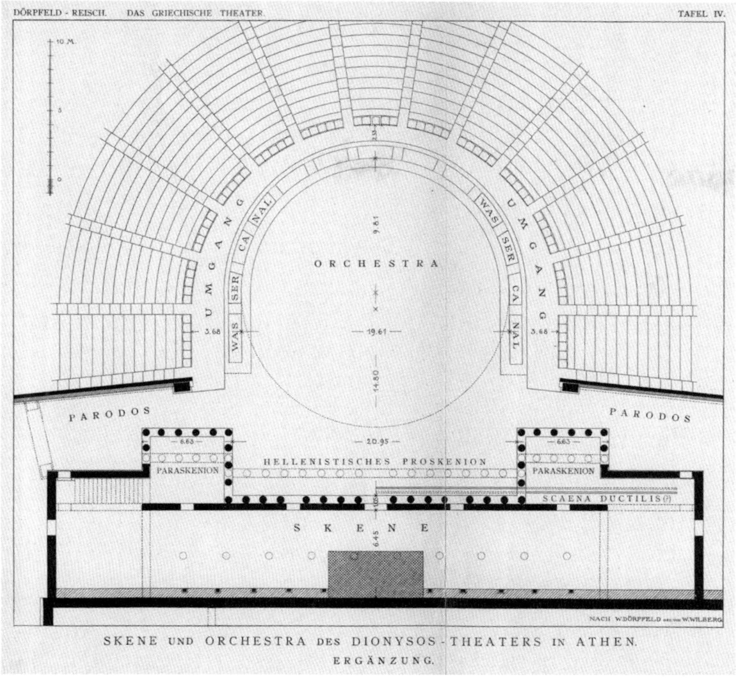

14 Skene und Orchestra des Dionysos-Theaters, Ergänzung. Dörpfeld / Reisch, Das griechische Theater, 1896, Tafel IV.

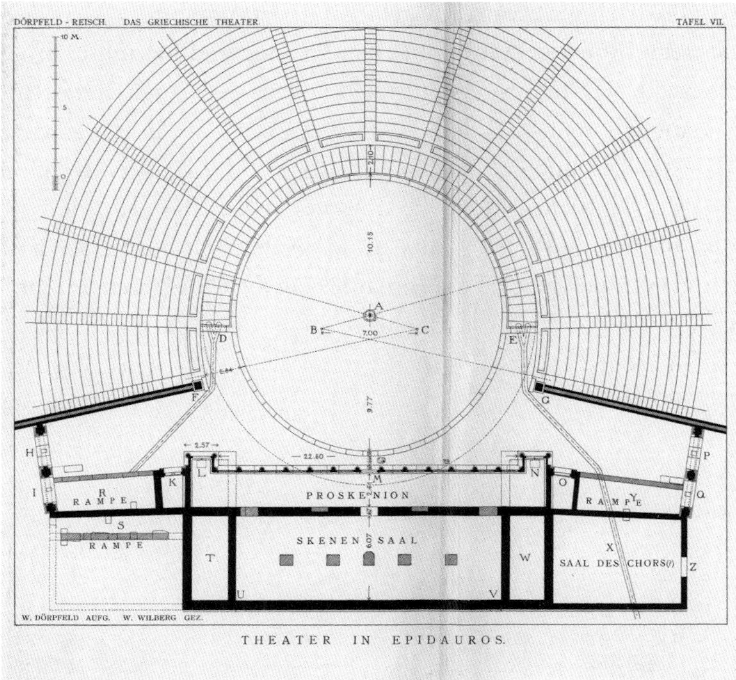

15 Theater in Epidauros. Dörpfeld / Reisch, Das griechische Theater, 1896, Tafel VII.

Alfred Schiff[129] und Adolf Wilhelm[130]. Die Temperatur steigt weiter an und Wilberg ist mit dem Zeichnen der Bauten nach wie vor sehr beschäftigt. Er sehnt sich aber danach, Athen zu verlassen. Zwar werde er dann mit dem Zeichnen noch nicht fertig sein, er könne aber die Zeichenarbeit in Deutschland zu Ende führen. Es handelt sich dabei wohl in erster Linie um die großen Baupläne, die den Anhang von Dörpfelds »Theaterbuch« bilden.

Nach Arbeitsende fährt er häufig nach Palaion Phaleron/Alt-Phaleron hinunter zum Baden, es sei die einzige Erholung, die er hier im Sommer mit Freunden und Freundinnen habe. Im Wirtshaus am Meer speisen sie und sehen den Mond in klarer Schönheit über den Hymettus aufsteigen. Dörpfeld erzählte von seiner bevorstehenden USA-Reise, wo er auch Vorträge im Cornell College halten wird und werde Anfang Dezember 1896 zurück in Athen sein.[131]

Im Brief vom 5. Juli 1896 berichtet Wilhelm von einem wichtigen Gespräch mit Dörpfeld, der ihn in seiner Planung bestärkte. Das Ziel im Oktober wird München. Er möchte dort in ein Büro eintreten und nebenbei Vorlesungen hören. Vorher muss er aber im DAI die Poros-Architektur auf der Akropolis aufarbeiten – das gemeinsame Lieblingsthema von Theodor Wiegand und ihm. Es solle soweit fertig sein, dass er die Zeichnungen in Deutschland ausarbeiten kann. Außerdem müsse er an dem Trojabuch arbeiten.[132]

Im September 1896 sind etwa 8 bis 14 Tage in Santorin (Thera/Thira) geplant um die Ausgrabungen von Friedrich Hiller von Gärtringen[133] und Alfred Schiff aufzuzeichnen.

gand. 1901–1905 Zweiter Sekretär am DAI in Athen. Anschließend Professuren in Innsbruck, Graz, Wien und Frankfurt a. M.

129 Alfred Schiff (Berlin 1863–1939 Berlin). Klassischer Archäologe und Sportfunktionär jüdischen Glaubens. Um 1895 tätig in Athen, wo er 1896 Schiedsrichter und Betreuer der deutschen Mannschaft bei den Ersten Olympischen Spielen war. Der Olympische Fackellauf geht auf ihn zurück. Forschungen zur Sportgeschichte der Antike.

130 Adolf Wilhelm (Tetschen 1864–1950 Wien). Österreichischer Epigraphiker und Klassischer Philologe. 1889–1892 Reisestipendium; Erforschung Klassischer Inschriften in Kilikien. 1894 in Wien Privatdozent und seit 1894 im Auftrag des österr. Unterrichtsministeriums in Athen, 1898 Sekretär des ÖAI. 1898/99 Grabung in Lousoi. 1905–1933 Professor für griechische Altertumskunde und Epigraphik an der Universität Wien. Bedeutender Epigraphiker.

131 Brief an Nellie Reed vom 29. Juni 1896.

132 Wilhelm Dörpfeld, Troja und Ilion, Ergebnisse der Ausgrabungen in den vorhistorischen und historischen Schichten von Ilion 1870–1894, 2 Bände, Athen 1902 (https://digi.ub.uni-heidelberg.de/diglit/doerpfeld1902ga); siehe auch: Wilhelm Dörpfeld, Troja 1893. Bericht über die im Jahre 1893 in Troja veranstalteten Ausgrabungen. Unter Mitwirkung von Alfred Brueckner, Max Weigel und Wilhelm Wilberg. Leipzig 1894.

133 Friedrich Frhr. Hiller von Gärtringen (Berlin 1864–1947 Thurnau). Klassischer Archäologe und Epigraphiker. Auf eigene Kosten durchgeführte Grabungen in Thera (Santorin) 1896 – 1902 mit vierbändiger Publikation (Thera I–IV, 1899–1909). Bedeutendster Verstreter der griechischen Epigraphik in Deutschland (Vorlesungen, Edition von Inschriftencorpora).

Im Brief vom 6. Juli 1896 berichtet Wilhelm, dass Wiegand und Schrader beauftragt sind, im September nach Priene zu gehen. Der Architekt, mit dem sie bisher immer zusammengearbeitet haben, sei aber ausgefallen und Wilberg wird gebeten, sie als Architekt zu begleiten. Dennoch möchte er sich aber wie geplant erst drei Monate [in München an der TH] weiterbilden.

In Athen sei die Akropolis momentan teilweise nicht zugänglich: »Man muß auf Stufen nach der Gitterthüre am Nikepyrgos emporsteigen, um auf die Treppe zu den Propyläen zu kommen. Man hat angefangen die Steine für den Parthenon-Architrav heraufzuziehen, hatte auch vor einiger Zeit den einen Marmorblock schon oben in den Propyläen und zieht jetzt den zweiten herauf. An starken Eisenketten wird der Stein über eine lange Holzbahn hinaufgezogen; es dauert ungefähr 5 Tage bis ein Stein oben ist. Was für Arbeitskraft muss dazu gehört haben, die Steine für ein Gebäude wie den Parthenon auf den Burgfelsen zu schaffen!« [134]

Eine Woche später, im Brief vom 13. Juli 1896, meldet Wilhelm Nellie einen gesellschaftlichen Anlass in Athen, ein Dinner bei den Richardsons[135], für welches hauptsächlich Mitglieder von ASCSA und ASCSA-Stipendiaten geladen waren. Außerdem waren dort Theodor Wiegand und Wilhelm Wilberg mit seiner Schwester Marianne sowie die amerikanischen Studenten Mr. Babbitt[136], Mr. Eugene Plumb Andrews[137] und Mr. De Cou[138] zu Gast. Es waren wohl alle auch Teilnehmer der letzten Inselreise (1896). Auch das Poros-Projekt entwickelt sich weiter. Wilhelm war mit Dörpfeld auf der Akropolis um Panagiotis Kavvadias[139] einige Poros-Stücke zu zeigen und ihn zu bitten, sie im Museum aufzustellen. In einem weiteren Brief [140] kann er melden, dass man dabei sei, die Blöcke des Alten Athena-Tempels aufzubauen. Am Westhang der Burg sähe es merkwürdig aus. Dort blühen viele Agaven mit ungefähr 12 Fuß hohen Blüten, wie in einem kleinen Wald. Das Wetter bliebe heiß, man könne nur abends nach Palaion Phaleron/Alt-Phaleron zum Baden fahren und genieße dann dort die Wasserspiegelungen und den Mondschein. In München wird er die Farben der Akro-

134 Brief an Nellie Reed vom 6. Juli 1896.

135 Rufus Byam Richardson (Westford, Mass. 1845–1914 Clifton Springs, NY). Amerikanischer Archäologe und Altphilologe, 1893–1903 Direktor des ASCSA.

136 Frank Cole Babbit (Bridgewater, Conn. 1867–1935 Hartwater, Conn.). Archäologe, Gräzist. Hochschulprofessor.

137 Eugene Plumb Andrews (1866–1957). Archäologe, Professor an der Cornell University. Als Student in Athen bei einer Vorlesung von Dörpfeld, 1895, aufmerksam gemacht auf ursprüngliche Inschriften auf dem Parthenon gelang es ihm dort eine wichtige Inschrift zu entziffern.

138 Herbert Fletcher de Cou.

139 Panagiotis Kavvadias (Kabbadias) (1850–1928). Griechischer Archäologe, leitete als oberster Ephoros von 1885 bis 1909 die Verwaltung der Altertümer Griechenlands und war maßgeblich an der Gründung des Archäologischen Nationalmuseums und des Akropolismuseums in Athen beteiligt.

140 Brief an Nellie Reed vom 17. Juli 1896.

polis vermissen.[141] Wilhelm plant nun, am 2. Oktober von Athen abzureisen. Er nimmt schweren Herzens Abschied von Athen: von der Akropolis, von der Natur und von den schönen Ausblicken.[142]

Im Briefwechsel fehlen nun einige Monate. Wilberg war inzwischen auf Santorin (Thera) und hatte seine Reise nach Deutschland am 20. Oktober angetreten. Von seiner Mutter Toni, seiner Schwester Marianne und seinem Bruder Fritz wurde er zum Zug begleitet, auch Hans Schrader kam. Im Zug nach Patras war er alleine. Auf dem Schiff ab Patras hatte er viel Zeit, die Ereignisse der letzten Wochen zu beschreiben. Die Fahrt ging über Korfu, wo er sich einige Jahre später auch aufhalten wird. Auf dem Schiff begegnete er Herrn Steiger, von dem oben die Rede war. Mit ihm verplauderte er die meiste Zeit.[143] Von Korfu fuhr Wilberg per Schiff nach Brindisi, dann per Eisenbahn über Bologna nach Venedig. Er beschreibt Nellie Reed die Stimmung, die Sehenswürdigkeiten und seine Eindrücke von Venedig plastisch und wünscht sich, dass er sie mit ihr hätte teilen können. Taubenfütterung auf dem Markusplatz, Seufzerbrücke, Prokuratien – alles kommt zur Sprache. Am Sonntag dem 25. Oktober geht es weiter. In Verona schreibt er ihr ein weiteres Mal und der nächste Brief vom 5. November 1896 ist bereits in München, Theresienstrasse 59, geschrieben.

Wilhelm Wilberg berichtet nun von seinen Erfahrungen in München. Das Zimmer, das er gefunden hat, sei gut gelegen und habe eine gute Anbindung an die Technische Hochschule. Dörpfeld hatte ihm für Prof. Thiersch[144], einen der wichtigsten Architekten an der TH, ein Empfehlungsschreiben mitgegeben und es hat seine Wirkung bewiesen. Thiersch hat ihm in seinem Saal einen großen Zeichentisch geben lassen, wo er die Aufgaben, die er aus Athen mitgebracht hatte, auch erledigen könne (Zeichnungen für die Publikationen, Troja-Buch), und für die Professoren, die in München mit Bauprojekten beschäftigt sind. Dort wird er über den Winter arbeiten und anschließend im Sommer, auf Empfehlung von Prof. Thiersch und Prof. Arendt, dem Direktor der »Elektrischen Zentralstation«, in ein Office eintreten. Alle seien sehr hilfsbereit. Durch seinen Bruder Karl, den Buchhändler, ist er mit einem Buchhändler in Kontakt gekommen, einem Herrn Schuler oder Schüler[145], mit dem er privat viel verkehrt. Dieser fand in seinem Laden bereits Dörpfelds Theaterbuch, das offenbar inzwischen erschienen war.[146]

141 Brief an Nellie Reed vom 21. Juli 1896.

142 Brief an Nellie Reed vom 30. Juli 1896.

143 Brief an Nellie Reed vom 21. Oktober 1896.

144 Friedrich von Thiersch (Marburg 1852–1921 München) prägte als Architekt (Justizpalast, Brauhäuser, Villen) und als Lehrer an der Technischen Hochschule das Gesicht Münchens um die Jahrhundertwende.

145 Möglicherweise der Buchhändler und Antiquar Alfred Schüler oder Schuler, der dem Kreis um Stefan George angehörte.

146 Offenbar zunächst ohne die beigefügten Großpläne, an denen er noch in München arbeitet.

Mit dem nächsten Brief (vom 14. November) sendet Wilberg einen kleinen Grundriss seines Zimmers mit der Einrichtung und einer Beschreibung. Es liegt nach Norden, im ersten Stock; es gibt eine bequeme Verbindung zur Innenstadt und einen Fußweg von nur 7 Minuten zur TH. Die Pferdebahn geht am Haus vorbei, In der TH hört er Vorlesungen über Baumaterialien, so über die Herstellung und Verwendung von Ziegeln und Zement (wegen des Projekts von Herrn Steiger) und daneben über romanische und gotische Baukunst, Renaissancebauten und auch Kunstgeschichte allgemein. Er nimmt teil an Übungen im Zeichnen der verschiedenen Bauformen und arbeitet viel an Zeichnungen für das Troja-Werk. Er besucht die Museen und Galerien sowie zwei große Kunstausstellungen.[147] Ihn interessieren die Handzeichnungen und Radierungen mehr als die Ölgemälde. Am Tag davor war er in der Neuen Pinakothek, wo viele schöne Bilder hängen. »In einem Saal sind die bekannten griechischen Landschaften von Carl Rottmann ausgestellt, aber trotzdem ich fast alle die Gegenden persönlich kenne, so würde ich doch fast keine wiedererkennen. Sie geben eine ganz falsche Vorstellung von Griechenland und nur wenig ist darauf richtig, so ein Sonnenuntergang, wo alles in rotes Licht getaucht erscheint. Die Bilder sind schon sehr alt [sic!], wie schön wäre es wenn ein jetziger Maler einmal dort malte. Die Aussicht auf Aegina, Delos, Sparta und all die sonstigen schönen Punkte.« Er hört Konzerte und geht in Theatervorstellungen. Im nächsten Brief (20. November 1896) bittet er Nellie Reed, ob sie ihm über den Bruder von Miss Ruth Emerson die Titel von einigen englischen Büchern über amerikanische Bauten und Baukunst schicken könnte.

Es kommen allmählich mehrere konkrete Angebote auf Wilhelm zu (Brief vom 2. Dezember 1896). Er wollte jetzt ja eigentlich in ein »office« gehen, es wurde ihm aber geraten, jetzt besser zu studieren und erst dann in ein »office« einzutreten. Mr. Wheeler habe inzwischen in Ithaka über Prof. Gildersleeve[148] einen Platz in einem »office« für ihn in Aussicht. Andererseits habe ihm aber Wiegand geschrieben, dass sich die Ausgrabungen in Priene noch bis zum Frühling fortsetzen werden. Wiegand und er möchten sich eventuell um ein Stipendium für den Abschluss der Poros-Arbeit bemühen, auch seine Reise nach Athen würde dann finanziert sein. Das Stipendium sollte, wenn er es erhalte, vom Ende August bis Ende Oktober 1897 laufen.

Im Brief vom 12. Dezember 1896 stellt er sich langsam darauf ein, dass er die Weihnachtszeit in München verbringen werde und zum ersten Mal im Leben nicht zu

147 So fand 1896 die Große Internationale Kunstausstellung der Münchner Künstlergenossenschaft im Glaspalast statt, ebenfalls die Internationale Kunst-Ausstellung des Vereins bildender Künstler Münchens (A.V.) »Secession« 1896.

148 Basil Lanneau Gildersleeve (Charleston, South Carolina 1831–1924 Baltimore, Maryland). Amerikanischer klassischer Altphilologe und Archäologe, Gründungsmitglied der Johns Hopkins University in Baltimore.

Hause in Athen. Es fällt der erste Schnee, der aussehe wie Schmutz. Das gesellschaftliche Leben läuft auf Hochtouren. Nach einem Konzert gab es eine Einladung bei Dr. Arendt, dem einflussreichen Elektrizitätsdirektor, mit allesamt ihm unbekannten Damen und Herren, die er als sehr langweilig empfand. Von größerer gesellschaftspolitischer Relevanz war dagegen die Einladung zum Frühstück bei Minister von Crailsheim[149], die ihm gut gefallen habe. Wie er auch in anderen Briefen schon geschrieben hat, wird Wilhelm öfter für einen Amerikaner gehalten – wohl seiner eleganten, hochgewachsenen Gestalt wegen. Er nimmt inzwischen wieder Englischunterricht um sich auf die USA-Reise vorzubereiten. Im Brief vom 20. Dezember 1896 bedankt er sich herzlich bei Nellie Reed für das Zusenden der amerikanischen Fahne, die er in seinem Zimmer aufgehängt habe. Er verspricht, eine Zeichnung seines Zimmers zu machen, sobald alle Bilder aufgehängt sind und wünscht sich einen Plan ihres Zimmers. Wilhelm hat die Zeitschrift »Blätter für Architekten« abonniert, die auch Grundrisse und Pläne von amerikanischen Häusern und Innenräumen bringt und zeichnete als Probe einen Grundriss eines Hauses in Philadelphia nach. Innenräume, besonders die »hall«, sind anders eingerichtet als man es hier gewöhnt ist. In der Zeitschrift, »Studio«, finden sich Abbildungen von englischen Wohnhäusern. Studio ist in englischer Sprache; so erweitert er seine Englischkenntnisse.

Nun sei es auch in München weiß und recht kalt. Am vorigen Tag war Wilhelm in der Sammlung Schack, die jetzt dem Kaiser gehört [150], und deren Bilder von den berühmtesten deutschen Malern von einem Grafen Schack gesammelt wurden. »Plötzlich stand ich vor einem großen Bild von Athen, das aber leider nur im Allgemeinen richtig war. Es ist schon vor langen Jahren gemalt worden und zeigte fast nichts von der modernen Stadt«.[151] Zuhause hat er ein Panorama in Schwarz-Weiß von Athen, aufgenommen von der Pnyx. Abends geht er häufig ins Theater oder in die Oper.

Im Brief vom 14. Januar 1897, dem ersten Brief nach Weihnachten, entschuldigt Wilhelm sich bei Nellie Reed für die lange Schreibpause, meint aber, dass sich seine ungewisse Zukunft allmählich zu klären beginnt. Dabei spielte der briefliche Kontakt zu Dörpfeld eine wesentliche Rolle. »Vor einigen Tagen bekam ich einen Brief von

149 Friedrich Krafft Frhr. von Crailsheim (1841–1926). Vorsitzender des Bayerischen Ministerrates 1890–1903.

150 Die private Sammlung des Adolf Friedrich Graf von Schack kam nach dessen Tod im Jahr 1894 an den Deutschen Kaiser Wilhelm II. 1939 ging die Sammlung in den Besitz Bayerns über und wird heute von den Bayerischen Staatsgemäldesammlungen betreut.

151 Laut Herbert W. Rott, Bayerische Staatsgemäldesammlungen München, wird es sich um das Gemälde »Athen und die Akropolis« von Ernst Willers (1802–1880), handeln, das um 1865 gemalt und circa 1872 überarbeitet wurde (Öl auf Lwd., 108,7 x 172,5 cm; Bayerische Staatsgemäldesammlungen Neue Pinakothek, Inv. Nr. 11 646; URL: https://www.sammlung.pinakothek.de/de/artwork/Dj4moq9L5A).

Prof. Dörpfeld, worin er mir auch seine Ansicht über meine America-Pläne schrieb. Ich hatte eigentlich etwas Angst davor, aber ich war umso freudiger überrascht, als er mir Ansichten schrieb, die genau mit den meinigen übereinstimmten. Er sagte, daß es für mich gar keinen Wert hätte noch über Ostern hinaus in München zu studiren, wenn ich überhaupt vor hätte nach America zu gehen. Ich könnte alles das auch auf praktischem Wege lernen etc. etc. Jetzt kommt es nur darauf an – aber das ist bei mir armen Menschen die Hauptsache –, daß mir einer meiner Onkel[152] so viel Geld auf meine Zukunft hin leiht, daß ich drüben 1–2 Jahre ohne Gehalt leben kann. Wenn ich das habe so fahre ich Anfang April von hier weg und bin bis Ostern drüben. Und ich glaube diesmal wird es ernst! Prof. Dörpfeld gab mir auch die Adresse des Architekten Tilton[153] in New York, mit dem er über mich gesprochen habe. Ich möchte nur an ihn schreiben, wenn ich Lust hätte, bald hinüber zu fahren. Ich kann Ihnen gar nicht sagen, wie sehr ich mich über diesen Brief von Dörpfeld gefreut habe und wie dankbar ich ihm bin.«

In den Weihnachtsferien war Wilhelm erneut bei Minister von Crailsheim eingeladen und auch bei seinem Freund, dem Buchhändler Schüler oder Schuler. Er hatte ohnehin viel zu arbeiten: »Die ganzen Ferien hatte ich sehr viel zu thun um die beiden großen Pläne für die Bewerbung von Wiegand[154] fertig zu machen. Jetzt sind sie glücklich schon lange weg und ich muß meine ganze freie Zeit dazu verwenden um an den trojanischen Bildern und Plänen zu zeichnen[155], eine Arbeit, die mir eigentlich schon etwas langweilig wird, da ich dasselbe schon oft gezeichnet und jetzt doch andere Interessen habe. Ich muß aber auch noch meine Santorin-[156]Aufnahmen umzeichnen und habe für all das nur noch 2 ½ Monate Zeit, da das Semester schon am 27. März schließt und ich bald danach abreisen will.« Er sieht nun etwas freudiger in die als düster empfundene Zukunft.

Selbstzweifel und depressive Gedanken nagen an Wilhelm Wilberg in den ersten Monaten des Jahres 1897. Er hat Nellie Reed längere Zeit nicht geschrieben und entschuldigt sich dafür. Es komme viel zusammen. »Ungewißheit meiner Zukunft ist wohl einer der Hauptfaktoren. Aber nicht nur das, oder wie Sie annehmen, Mangel an Geld – nein viel schlimmer und es ist das erste Mal, daß ich es ausspreche: es ist haupt-

152 Aus Essen, wohl ein Bruder oder der Mann einer Schwester von Vater Karl Wilberg, Sohn von Friedrich Wilhelm Wilberg. Da der einzige Bruder von Karl Wilberg jung gestorben war, kommen nur die Ehemänner der Schwestern in Frage, in diesem Fall am ehesten Julius Baedeker, verheiratet mit Clara Wilberg, der 1898 in Essen starb.

153 Edward Lippincott Tilton (New York City 1861–1933 Scarsedale). Angesehener amerikanischer Architekt, tätig in New York.

154 Wegen eines Stipendiums für die Poros-Studien.

155 Zu »Troja und Ilion«.

156 Santorin-Thera: siehe oben.

sächlich ein Mangel an Vertrauen auf mich selbst, ein Zweifel an meine Kraft, ob ich es überhaupt zu etwas bringe! Jetzt, wo es so gut wie feststeht, daß ich nach Amerika gehe, drängt sich immer wieder und wieder die Frage auf: wird es dir gelingen und was kannst du eigentlich. Die richtige Antwort auf die letzte Frage ist leider ›Nichts‹. Und ich muss eingestehen, daß ich eigentlich herzlich wenig gelernt habe, wenigstens was das eigentliche Baufach betrifft. Mein Studiengang ist so ganz anders als der gewöhnliche, aber ich musste eben mit den [pekuniären] Verhältnissen rechnen.«

Es gäbe viele, die ihm von der Übersiedlung nach Amerika abraten, was ihn entmutige. Zugeraten habe ihm dagegen der Chef-Architekt von Krupp in Essen. Er habe sich so lange mit antiker Baukunst auseinandergesetzt, das wäre ein großer Vorteil. Wilhelm war einige Tage in Essen bei seinem Onkel[157], der sich bereit erklärte, ihn in den USA ein Jahr finanziell zu unterstützen. Er habe sich überlegt, bis Mitte April 1897 in Deutschland zu bleiben und am 24. April per Schiff (Dampfer Königin Luise) von Bremen abzufahren. Daneben liefe ein Angebot, als Architekt bei den Ausgrabungen des alten römischen Grenzwalles zwischen dem römischen Reich und Deutschland zu arbeiten, gegen hohes Gehalt (3.600 M), aber auf 2–3 Jahre befristet. Die Kommission habe die Stelle auf Zeit jedoch abgelehnt.

In der Zeit des Briefwechsels spielen sich Unruhen in Griechenland ab[158], die eine Verschlechterung der Position der Deutschen in Athen zur Folge haben könnten. Wilhelms Bruder Karl schreibt ihm: »daß es gar nicht so schlimm wäre und dass man sich lustig mache darüber, dass auch Dörpfeld seine Vorträge eingestellt hätte, aus Angst, dass eine Ansammlung so vieler Deutschen missfallen könnte. Ich bin sehr neugierig wie sich die ganze Sache dort unten entwickeln werde, an einen Krieg glaube ich nicht, aber viel Schaden für den Handel bringt das Ganze doch«.[159]

Auch im Brief vom 18. April 1897 werden die amerikanischen Pläne weitergeschmiedet. Wilhelm hat Kontakt mit Mr. Tilton in New York aufgenommen und ihm sein Vorhaben geschildert. Als er ihn fragte, ob er etwa nach einem Jahr Gehalt bekommen könnte, antwortete dieser auf Englisch, dass er keine Versprechungen machen könne, aber annehme, dass Wilhelm Wilberg, wenn er als Student ein Jahr gearbeitet hat, dann wohl in Amerika einen bezahlten Job erhalten könne. Die Art der Arbeit unterscheidet sich von der in Europa. Er würde ihm bei der Suche helfen. Wilhelm sandte diese Antwort seinem Onkel in Essen. Der würde ihm zwar das erste Jahr bezahlen, sehe es aber an sich nicht gerne, dass Wilhelm ins Ausland gehe und dann ausgerechnet nach Amerika. Er sei ein alter Herr und möchte, dass Wilhelm in Deutsch-

157 Siehe oben, Anm. 152.
158 Türkisch-Griechischer Krieg von 1897: siehe Zelepos 2017, S. 84–87.
159 Zitat aus dem Brief an Nellie Reed vom 21. März 1897.

land bleibe. Dieser habe aber keine Lust in Deutschland zu arbeiten, »im Gegenteil, wenn ich nicht nach Amerika gehe, so gehe ich später wieder nach dem Orient aber in Deutschland bleibe ich nicht«.[160] Die Antwort von Tilton findet Wilhelm nicht schlecht und er wartet ab, was sein Onkel dazu meint. Wilhelm lernt wieder Englisch und hat Kontakt zu seinem Neffen Fritz Gleim aufgenommen (die Mutter von Toni Poyda war eine geborene Gleim), dem Direktor einer Zink-Fabrik in Jersey City, USA.

Völlig unerwartet gibt es eine Wende im Leben von Wilhelm, von der er Nellie in einem Brief vom 24. Juni 1897 aus München erzählt[161]: »Fast war alles fertig daß ich meine Reise nach New York antreten sollte, da kam Wiegand hierher und bat mich, doch noch unsere gemeinsame Arbeit fertig zu machen«. Wilberg nahm seinen Vorschlag an und würde im Sommer gemeinsam mit ihm auf der Akropolis sein, vielleicht später noch in Kleinasien. Er hatte eine Wahl zu treffen zwischen einer gänzlich unbekannten Arbeit bei finanzieller Abhängigkeit von seinem Onkel einerseits und einem guten Gehalt, einer bekannten angenehmen Arbeit und der Möglichkeit sich Geld zu ersparen andererseits. Auch das Wiedersehen mit seiner Mutter, die ein schweres Jahr hinter sich hatte, war ausschlaggebend. Am 16. Juni 1897 fand die Hochzeit seiner Schwester Marianne statt[162] (die wohl vorher ebenfalls in einer Schule in Deutschland war). Wilhelms Tage in München seien gezählt, er reise am 28 Juni schon ab, zunächst nach Rom, wo er etwa zwei Tage bleiben werde. »Dann fahre ich direkt nach Pompeji um dort die Vorträge von Prof. Man zu hören, die am 2. Juli beginnen. Wenn ich kann fahre ich dann am 15. von Neapel ab und bin am 18. abends in Athen. Die Arbeit am Poros wird etwa drei Monate dauern, also bis Oktober und dann gehe ich vielleicht nach Priene um dort die Ausgrabungen aufzunehmen, wenn sie noch fortgesetzt werden. Wiegand rechnet auf etwa zwei Mal 3 Monate, also hätte ich bis zum Sommer nächsten Jahres zu arbeiten, dann kommt die genaue Herstellung der Pläne, die ich aber nicht unbedingt machen muss. Bis Dezember muss ich auch eine für den Schulgebrauch berechnete große Wandtafel herstellen, die Reconstruction eines griechischen Theaters betreffend. Ich habe den Auftrag von einer Verlagsbuchhandlung erhalten und es kann leicht sein, dass Sie dieselbe später einmal im Unterricht von Euripides und Sophokles verwenden.«

160 Interessanterweise hat er trotzdem an der TH München um eine Genehmigung gefragt (und diese auch erhalten, 15. Mai 1897) um im Sommersemester 1897 als Hospitant an den Vorträgen und Übungen teil zu nehmen.

161 »Meine liebe Miss Reed, Ganz anders als ich es noch vor zwei Monaten geglaubt, hat sich mein Lebenslauf für das nächste Jahr gestaltet. Anstatt nach dem fernen Westen führt mich mein Leitstern wieder nach dem sonnigen Süden, in etwa einem Monat bin ich wieder bei meiner lieben Mutter, die sich, wie sie mir schreibt, über diese Wendung sehr freut. Wie das alles gekommen?«

162 Mit Eugen Pridik, siehe Anm. 180.

Mit Herrn Steiger habe Wilhelm nach wie vor Kontakt, er komme im Sommer nach Athen. »Neben allen meinen archäologischen Arbeiten verliere ich doch dieses Ziel [=America] nicht aus den Augen und ich hoffe, daß ich meinen Lieblingswunsch bei dieser Gesellschaft einmal thätig sein zu können, erfüllt.« Er habe lange nichts von Nellie gehört und schickt den Brief vorsichtshalber nach Ithaca.

Wilhelm Wilberg war also genau zwei Semester in München, wo er an der TU Vorlesungen hörte und daneben praktische Zeichenarbeiten für die Fertigstellung der anstehenden Publikationen des DAI ausführte. Ende Oktober 1896 war er von Athen abgefahren, über Korfu, Venedig und Verona, und Ende Juni-Anfang Juli 1897 hat er die Rückreise nach Athen angetreten, über Rom und Neapel mit Pompei und Paestum. Auf seiner Postkarte vom Pompei am 10. Juli spricht er noch von einem möglichen Aufenthalt in Amalfi und auf Capri, aber Athen hatte, vor allem wegen seiner Mutter, wohl sehr viel stärkere Anziehungskraft. Es ist in Athen, als ob er nie weg gewesen wäre. Er denkt bisweilen darüber nach, ob seine Entscheidung richtig war, besonders »wenn ich gegen Sonnenuntergang am Nike-Tempel oder am Parthenon stehe«, und hat seine Arbeit »auf der Burg« wieder aufgenommen, so im Brief an Nellie vom 26. Juli 1897. Wiegand komme im September wieder und sie werden dann gemeinsam nach Priene gehen, wohl mit Dragendorff. Durch den Griechisch-Osmanischen Krieg ist die finanzielle Situation angespannt, auch in der Buchhandlung von Karl Wilberg jr: »Der Krieg hat hier wenig geändert, alle bereuen jetzt hinterher, ihn angefangen zu haben, wo sie so wenig dazu gerüstet waren. Jetzt hofft alles auf einen Frieden aber die Verhandlungen dazu dauern fast länger als der Krieg selbst.« Die Türken halten immer noch Thessalien besetzt und wollen es auch nicht herausgeben, aber schließlich wird ihnen wohl nichts anderes übrigbleiben.«[163] Die Geschäfte gehen schlechter, sein Bruder klagt nicht, stünde aber wie er sagt, ohne Krieg viel besser da. Alle Gerichtsgebäude und auch die Universität sind geschlossen. Man wird die Folgen sicher noch ein Jahr spüren.

Im Sommer arbeitete Wilhelm im DAI Athen weiter am Poros-Projekt. Ein Foto (Abb. 16), laut Wilhelms eigenhändigen Beschriftung auf der Rückseite aufgenommen durch Wiegand, zeigt Wilhelm am Ende einer hohen und steilen Leiter »bei der Arbeit«: »Architrav-Stein von unserem ältesten Athena-Tempel … gerade über dem Dionysos-Theater«. Es geht seine Arbeit am Poros-Projekt allmählich zu Ende: »Meine Arbeit auf der Akropolis habe ich glücklich beendet. Ich arbeite jetzt im Institut indem ich alle die verschiedenen Teile der sechs Bauten zusammen zeichne und so

163 Griechisch-Osmanischer Krieg: Zelepos 2017, S. 84–87, siehe oben.

16 Wilhelm Wilberg auf der Leiter an der Südflanke der Akropolis, 1896.

die verschiedenen Tempel wenigstens auf dem Papier wieder herstelle.« Das Projekt mit Wiegand, mit dem er sich gut versteht, läuft jetzt an.

»Im September, in zwei Wochen oder schon früher, erwarte ich Wiegand hier, der immer noch in Deutschland ist. Wir wollen dann in den ersten Tagen des Septembers nach Smyrna und von dort nach Priene, wo wir im Auftrage des Berliner Museums die Ausgrabungen fortsetzen werden. Ich glaube, dass wir bis Mitte Dezember dort bleiben werden, dann eine Winterpause machen werden und im nächsten Jahre im März wieder anfangen werden. Wiegand und ich werden ganz alleine dort sein und ich freue mich schon sehr auf die ganze Sache. Meine Adresse für Kleinasien wird lauten: Kaiserl. deutsches Consulat, deutsch oder englisch wie Sie wollen.«

Wiegand werde wohl einige Jahre in Smyrna bleiben. »Er hat die Stellung eines Directors am Berliner Museum bekommen, mit dem Sitz in Smyrna, um dort die

Interessen der Deutschen zu vertreten. Er hat die Stellung, die vorher Dr. Humann[164] hatte, der vor einem Jahr gestorben ist. [...] Ich habe mich sehr für Wiegand gefreut. Zwar ist er 8 Jahre älter als ich, ob ich aber in der Zeit auch schon eine solche Stellung habe? – wer kann es wissen? Hoffen wir das Beste.«

Priene

Dem nächsten Brief an Nellie Reed (1. Oktober 1897) ist zu entnehmen, dass Wilhelm Wilberg seit einem Monat in Priene ist und bereits viel gesehen hat. Zuerst waren Wiegand und Wilberg zwei Tage in Smyrna um Besorgungen und Besuche zu machen, dann fuhren sie mit der Eisenbahn zum kleinen türkischen Ort Ajassuluk (Ayasoluk= Selçuk), der Station vor Ephesos. Es folgt der interessante Brief über Ephesos fast in ganzer Länge:

»Hier haben sich die Österreicher ein kleines Haus gebaut, wo sie während der Ausgrabungszeit wohnen. Wir blieben hier nur einen Tag, sahen nur die in der Nähe gelegene alte Moschee an, die aus dem XIII. Jahrhundert stammt, und ritten dann mit den österreichischen Herren nach den eine Stunde entfernten Ausgrabungen von Ephesos. Leider ist dort recht wenig zu sehen, Alles was herauskommt – große Hallenanlagen mit Hafenquais – sind spätrömisch, meist sogar, was die Profiele an den Säulen etc. betrifft, mit schrecklicher Rohheit behandelt, daß es einem architektonischen Gemüte weh thun kann. Der Architect, der dort ist, Prof. Niemann[165], von der Kunst-Academie in Wien, war auch ganz unglücklich, und beneidete mich, der ich hier in Priene so viel ältere und bessere Sachen zu bearbeiten hätte. Den nächsten Tag fuhren wir dann nach Soria, etwa 4 Stunden von Smyrna entfernt, die Endstation einer kleinen Zweigbahn. Dort trafen wir unseren Diener oder Postreiter Jussuff, einen jungen großen Türken, mit Revolver und großem Dolch an der Seite. Er sollte für uns Pferde besorgt haben, hatte aber aus einem Mißverständnis einen

164 Carl Humann (Steele bei Essen 1839–1896 Smyrna). Topograph und Vermesser, ursprünglich hauptsächlich in Kleinasien tätig. Fürsprecher und Ausgräber in Pergamon. Entdecker des Pergamonaltars. Geographische Untersuchungen in Griechenland, danach archäologische und topographische Fragen im Hinterland von Smyrna. 1884 auswärtiger Direktor der kgl. Museen in Berlin und für alle archäologischen Unternehmungen Preußens im Vorderen Orient zuständig.

165 George Niemann (Hannover 1841–1912 Wien). Architekt, Bauforscher, Zeichner und Radierer. Zusammenarbeit mit Otto Benndorf in Kleinasien, danach in Rumänien und Aquileia. 1893 ständiger Mitarbeiter der Ephesos-Grabung. Mit Wiegand 1910 Bearbeitung des Apollo-Tempels in Didyma. Als Bauzeichner visionär und inspirierend.

17 Priene, Deutsches Haus, 1897.

kleinen Wagen besorgt, den wir denn auch bestiegen, trotzdem mir ahnte, daß es eine furchtbare Fahrt geben würde, da ich die Wege in der Türkei kenne. Und so war es auch! Mehrere Male hatten wir schon die Füße draußen um heraus zu springen, da wir glaubten, der Wagen schlüge um, aber immer ging es noch glücklich ab und wir langten etwa gegen 3 Uhr nach 2 ½ Stunden hier an unserem Hause an. Damit Sie wissen wie es aussieht, schicke ich Ihnen eine kleine Fotografie davon (Abb. 17).« Unten Küche, Wirtschaftsräume und Kammern für den Diener und den Koch. Oben Wilberg und Wiegand. In der Mitte ein großes Zimmer übers ganze Haus: gemeinsames Ess- und Arbeitszimmer, mit zwei großen Tischen, Sofas, Teppichen, Büchern, Bildern und Stickereien. Er beschreibt sein Zimmer: Fenster oben rechts, letztes in der Front. Außerdem noch zwei Fremdenzimmer, alles mit guter Aussicht auf große Bäume und Gartenland, »dahinter die weite, jetzt ganz braune Mäanderebene, abgeschlossen durch schattige Höhen des Beschparmack, oder Lathmos im Altertum und die Berge von Milet. [...] In der Nähe ist ein schönes wasserreiches Thal mit vielen kleinen Wassermühlen [...]. Das nächste große Dorf, Kelebesch, ist etwa eine halbe Stunde entfernt. Nach den Ausgrabungen geht es links den Berg hinauf, etwa 10 Minuten bis zum Ostthor der Stadt. Diese breitet sich auf einer ins Thal vorspringenden Felskuppe aus etwa 600 Meter breit und 500 tief, also eine ganz hübsch große Stadt! Gerade in

18 Priene, Theater, bei einem Besuch am 13. Oktober 1906.

der Mitte liegt die Agora, auf allen Seiten durch große Hallen eingeschlossen. Über dem Markte lag auf einer hohen Terrasse der Athenatempel, jetzt leider ganz zerstört. Das Straßennetz, das sich über die Stadt ausbreitet, ist ganz regelmäßig angelegt. Alle Straßen schneiden sich rechtwinklig und sind genau Nord-Süd angelegt. Regelmäßig bis zur Langweiligkeit, also keine so netten kleinen Gässchen und Sträßchen wie in Pompei! Einen Teil der Häuser haben wir freigelegt, einen anderen werden wir jetzt ausgraben. Die ganze Anlage dieser regelmäßigen Stadt stammt aus hellenistischer Zeit, also etwa 3. Jahrhundert, die große Stadtmauer scheint älter zu sein. Ein reizendes kleines Theater (Abb. 18) ist im Frühjahr ausgegraben und war die Freude Herren Dörpfelds, als er im April hier war. Etwas größer als das Theater in Oropos, ist es besser erhalten als dieses. Alle Säulen des Proskenion stehen noch, zum Theil liegt auch noch das Gebälk darüber. Vom Oberbau, der ja für die Theaterkunde so wichtig ist, ist leider wenig erhalten, ich muss mich, wenn ich erst die vielen Häuser aufgenommen habe, damit beschäftigen und hoffe etwas mehr heraus zu bekommen. Über der Stadt erhebt sich auf einem ganz steil abfallenden Felsen die Akropolis, von der aber nur noch die Umfassungsmauern erhalten sind, sonst gar keine Bauten«.

Nun arbeitete Wilhelm Wilberg in Priene, wo sich wenig ereignete, abgesehen von einem gelegentlichen Besuch – wie von Alfred Schiff, von dem er im Brief vom 2. Dezember 1897 schreibt (Abb. 19a und 19b). Er machte mit den Gästen Ausflüge durch die Mäanderebene, nach Milet und nach Didyma. Für diese Gegend, die offen-

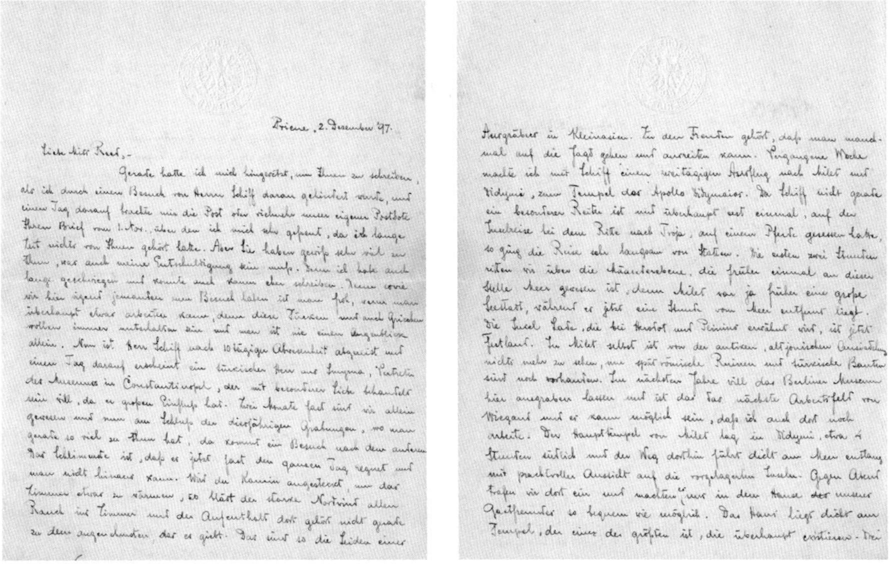

19 Brief von Wilhelm Wilberg an Nellie Reed aus Priene nach Brooklyn, 2. Dezember 1897.

bar damals durch Ausgrabungen noch nicht erschlossen war, gibt es im Brief an Nellie Reed für sie interessante Anmerkungen:

»Vergangene Woche machte ich mit Schiff einen zweitägigen Ausflug nach Milet und Didyma, zum Tempel des Apollo Didymaios [...]. Die ersten zwei Stunden ritten wir zu Pferd über die Mäanderebene, die früher einmal an dieser Stelle Meer gewesen ist, denn Milet war ja früher eine große Seestadt, während es jetzt eine Stunde vom Meer entfernt liegt. Die Insel Lade, die bei Herodot und Plinius erwähnt wird, ist jetzt Festland. In Milet selbst ist von der antiken altjonischen Ansiedlung nichts mehr zu sehen, nur spätrömische Ruinen und türkische Bauten sind noch vorhanden. Im nächsten Jahr will das Berliner Museum hier ausgraben lassen«. Es sollte das nächste Arbeitsfeld von Wiegand sein. Der Haupttempel von Milet, der Apollo-Tempel, lag in Didyma. Sie trafen gegen Abend ein und machten sich zurecht im Grabungshaus. Das Haus liege dicht am Tempel, der einer der größten ist, die überhaupt existieren. »Die Säulen stehen noch vollkommen aufrecht, sogar mit einem Teil des Gebälkes. Auch von den Cellawänden ist viel erhalten«. Auf dem am besten erhaltenen Teil des Tempels stehe eine große Windmühle. Die Franzosen haben hier angefangen zu graben und im Frühling wollen sie das fortsetzen. Es folgt eine ausführliche Beschreibung der Baureste. Wilberg erzählt etwas von dem Szenengebäude des Theaters von Priene, von dem noch recht viel aufrecht steht. Dörpfeld habe sich sehr gefreut, als er das Theater sah. Am Tag vor dem Brief hatte Wilhelm seinen 25. Geburtstag gefeiert und er plante

20 Wilhelm Wilberg im Arbeitszimmer in Priene, Dezember 1897.

für das Weihnachtsfest und zum 60. Geburtstag seiner Mutter am 28. Dezember 1897 nach Hause, nach Athen zu reisen.

Auf dem Rückweg von Athen nach Priene (Brief vom 3. Januar 1898) lag sein Schiff im Hafen von Chios »bei schauderhaftem Wetter« und er erzählte Nellie von seinen Tagen in Athen. Ihre Fotos von New York seien faszinierend, das fänden auch seine Mutter und sein Bruder Fritz. Mr. Wheeler hat noch einmal gezeigt, wie er Wilhelm Wilberg in den USA unterstützt hätte (vgl. S. 46). Mr. Schiff und Dr. Adolf Wilhelm wären in Athen auch da gewesen. »Letzterer ist jetzt erster Sekretär am neu gegründeten österreichischen archäologischen Institut, das seinen Sitz in Wien und Zweiganstalten in Athen, Constantinopel und Smyrna hat.« Das ist in der Korrespondenz die erste Nachricht vom ÖAI in Athen.

Wilhelm Wilberg (auf dem Foto jetzt mit Vollbart) (Abb. 20) blieb jetzt bis Juni 1898 in Priene, danach plante er mit Wiegand für zwei Monate nach Süditalien und Sizilien zu fahren um für die Poros-Arbeit die griechischen Tempel zu studieren. Ob sie das ausführten, wissen wir nicht.

Am 1. Februar 1898 meldete sich Wilhelm bei Nellie zurück. Er sei viel alleine und bearbeite die Grabungsfunde in Priene. Es habe sich inzwischen aber eine Konstellation ergeben, die seinem Leben eine neue Wendung geben werde.

IV

Wilhelm Wilberg am Österreichischen Archäologischen Institut (ÖAI)

1898 bis 1922

In Jahr 1898 gründete das Österreichische Ministerium für Kultus und Unterricht das Österreichische Archäologische Institut (ÖAI) mit der Zentrale in Wien und Zweigstellen in Athen, Smyrna und Konstantinopel. Prof. Otto Benndorf[166] war Direktor des gesamten Institutes. Mit der Leitung des Sekretariats Athen wurden der Epigraphiker Adolf Wilhelm (seit 1894 in Athen) und der Archäologe Wolfgang Reichel[167] (seit 1896 in Athen) betraut. Von griechischer Seite wurde ein Grundstück für die Errichtung des entsprechenden Gebäudes angeboten. Erst 1906 konnte mit dem Bau begonnen werden, 1908 wurde das Institutsgebäude eröffnet (siehe unten).

Die Grabungen in Ephesos hatten bereits 1895 angefangen und wurden als Schwerpunkt der Aufgaben des ÖAI gesehen. Außerdem oblag dem Institut die Aufdeckung und Pflege der römischen Altertümer in Österreich (auch in Istrien und Dalmatien, die damals zu den österreichischen Kronländern gehörten). Die Stelle eines Architekten war noch nicht besetzt und »Hofrat Benndorf wünscht, daß ich [Wilhelm Wilberg] sie übernehmen soll (Abb. 21). Er war im Oktober hier [in Priene], lernte mich hier kennen und sah wohl auch einiges von meinen Arbeiten. Kurz er sprach später in Athen Dörpfeld gegenüber diese seine Absicht aus und durch Dr. Dörpfeld erfuhr auch ich von der Sache. Leider sind augenblicklich in Wien schlechte politische Zustände. Der Reichsrat oder Congress tagt nicht und muß die Genehmigung

166 Otto Benndorf (Greiz, Vogtland 1838–1907 Wien). Klassischer Archäologe und Epigraphiker. Lehrstuhl in Zürich 1869, München 1871, Prag 1872, anschließend in Wien. Daneben bedeutende Ausgrabungen in Samothrake (als Mitarbeiter von A. Conze) und Lykien. 1895 Expeditionsreise nach Ephesos. Anfang der umfassenden Ausgrabungen 1896. Im Jahr 1898 Gründung des ÖAI, das sich speziell den österreichischen Ausgrabungen in Kleinasien (Ephesos) widmen sollte. Er übernahm die Direktion und legte gleichzeitig seine Professur in Wien nieder.

167 Wolfgang Reichel (Wien 1858–1900 Athen). Klassischer Archäologe und Kulturhistoriker. 1898 Sekretär des ÖAI in Athen. Mit Adolf Wilhelm Ausgrabungen in Lousoi.

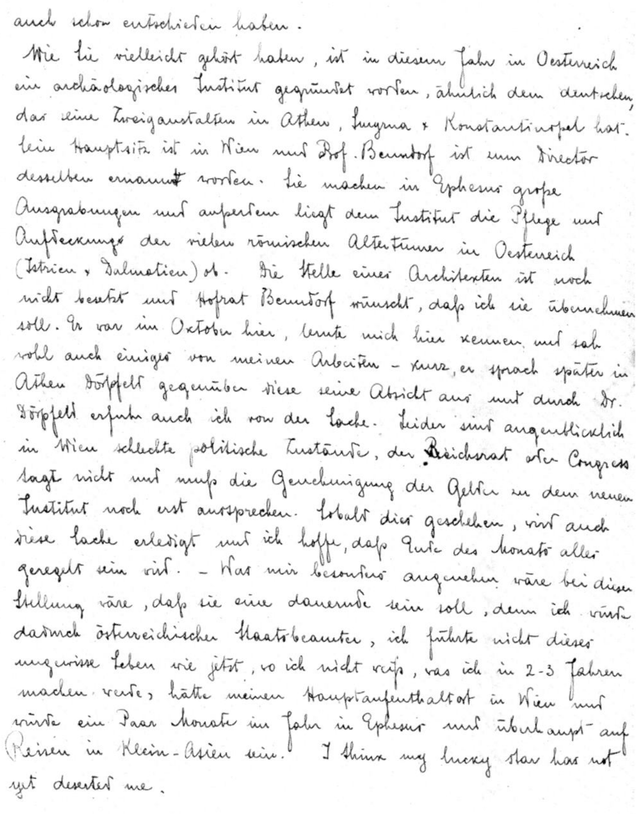

auch schon entschieden haben.
Wie Sie vielleicht gehört haben, ist in diesem Jahr in Oesterreich
ein archäologisches Institut gegründet worden, ähnlich dem deutschen,
das seine Zweiganstalten in Athen, Smyrna & Konstantinopel hat.
Sein Hauptsitz ist in Wien und Prof. Benndorf ist zum Director
desselben ernannt worden. Sie machen in Ephesus große
Ausgrabungen und außerdem liegt dem Institut die Pflege und
Aufdeckungs der vielen römischen Altertümer in Oesterreich
(Istrien & Dalmatien) ob. Die Stelle eines Architekten ist noch
nicht besetzt und Hofrat Benndorf wünscht, daß ich sie übernehmen
soll. Er war im October hier, lernte mich hier kennen und sah
wohl auch einiges von meinen Arbeiten – kurz, er sprach später in
Athen Dörpfeld gegenüber diese seine Absicht aus und durch Dr.
Dörpfeld erfuhr auch ich von der Sache. Leider sind augenblicklich
in Wien schlechte politische Zustände, der Reichsrat oder Congress
tagt nicht und muß die Genehmigung der Gelder zu dem neuen
Institut noch erst aussprechen. Sobald dies geschehen, wird auch
diese Sache erledigt und ich hoffe, daß Ende des Monats alles
geregelt sein wird. – Was mir besonders angenehm wäre bei dieser
Stellung wäre, daß sie eine dauernde sein soll, denn ich würde
dadurch österreichischer Staatsbeamter, ich führte nicht dieses
ungewisse Leben wie jetzt, wo ich nicht weiß, was ich in 2-3 Jahren
machen werde, hätte meinen Hauptaufenthaltsort in Wien und
würde ein Paar Monate im Jahr in Ephesus und überhaupt auf
Reisen in Klein-Asien sein. I think my lucky star has not
yet deserted me.

21 Brief von Wilhelm Wilberg an Nellie Reed aus Priene nach Brooklyn, 1. Februar 1898.

der Gelder zu dem neuen Institut noch erst aussprechen. Sobald dies geschehen, wird auch diese Sache erledigt und ich hoffe, daß Ende des Monats alles geregelt sein wird. Was mir besonders angenehm bei dieser Stellung wäre, daß sie eine dauernde sein soll. Denn ich würde dadurch österreichischer Staatsbeamter, ich führte nicht dieses ungewisse Leben wie jetzt, wo ich nicht weiß, was ich in 2–3 Jahren machen werde, hätte meinen Hauptaufenthaltsort in Wien und würde ein paar Monate im Jahr in Ephesos und überhaupt auf Reisen in Klein-Asien sein. I think my lucky star has not yet deserted me. « So schrieb Wilhelm in einem Brief vom 1. Februar 1898 aus Priene an Nellie. Er legte dem Brief ein Foto von sich selbst bei, das ihn in einer Ecke des großen Zimmers in Priene zeigt (siehe Abb. 20).

Benndorfs Brief vom 7. Februar 1898[168] führt die von Wilberg beschriebene Neugründung genauer aus.[169] Die Anforderungen an den Kandidaten werden in Benndorfs Brief präzisiert:

»Übernommene und bevorstehende Aufgaben erheischen das Engagement eines im Ausgrabungswesen erfahrenen Technikers, der den Süden und den Orient kennt. Nach den Weisungen der Direktion und im Anschluße an die Arbeiten Professor Niemanns würde er alle Obliegenheiten, welche bei Veranstaltung von Ausgrabungen und kunstwissenschaftlichen Publicationen die Hand eines Architekten fordern, zu übernehmen und sich ihnen ausschließlich ohne Nebenbeschäftigung im praktischen Baufach, zu widmen haben. Sein Eintritt wäre ja eher umso willkommener, ließe sich aber bis zum 1. September d.J. hinausschieben, wo die Herbstgrabungen in Ephesos wieder beginnen sollen.« Die finanziellen Angelegenheiten wurden in der Anfrage von Benndorf an Wilberg geregelt.[170]

Nellie gratulierte Wilhelm dazu, ihm sei – so schreibt er in seiner Antwort – aber zugleich klar, dass er seinen Wunsch, nach Amerika zu gehen, damit begraben müsse.[171] Außerdem sei er vorerst noch kein österreichischer Staatsbeamter. Er habe noch einige Projekte abzuschließen; er müsse auch noch nicht nach Wien ziehen, das angeblich eine schöne Stadt sei. Wie geplant höre die Arbeit in Priene erst im Juni 1898 auf, dann gehe er nach Athen um für das Poros-Projekt zu arbeiten. Vom September bis Dezember 1898 plane er bei den österreichischen Ausgrabungen in Ephesos zu sein. Dann werde er in Athen die Zeichnungen von Priene (für die Publikation) fertig machen, im März 1899 sei er dann einige Zeit in Ephesos und käme

168 Beide Briefe von Otto Benndorf an Wilhelm Wilberg im Archiv Vignau-Wilberg, Fürstenfeldbruck.

169 »Auf Grund einer Allerhöchsten Entschließung ist das Institut bis zur finanzgesetzlichen Erledigung des diesjährigen Staatsetats nominell provisorisch, faktisch definitiv organisirt. Die Leitung wurde mir übertragen, zum stellvertretenden Leiter ist Professor Dr. Robert von Schneider ausersehen. Dem Institute unterstehen die staatlich subventionirten Ausgrabungen im In- und Auslande, die Antikensammlungen zu Aquileja, Pola (Pula), Zara (Zadar gehörte zu Dalmatien) und Spalato (Split), ein Sekretariat in Athen, welches Dr. Wilhelm und Dr. Reichel und zwei Sekretariate in Smyrna und Constantinopel, welche Dr. Kalinka (Ernst Kalinka: Wien 1865–1946 Hall / Tirol. Klassischer Philologe, Archäologe und Epigraphiker) und Dr. Heberdey (siehe Anm. 185) bekleiden. Für den Geschäftsdienst in Wien ist ein Rechnungsbeamter und ein Official zugetheilt. Professor Niemann hat zurzeit keine feste Stellung im Institute, doch bleibt ihm seine volle Mitwirkung gesichert.«

170 »Geboten würde ihm ein Jahreshonorar von 2400 fl./circa 4100 Mark/ zahlbar in monatlichen Anticipativraten, volle Vergütung der Antritts- und aller Dienstreisen, freie Station bei den Grabungen, tägliche Diäten für den Dienst in Österreich außerhalb Wiens, und Theilnahme an den Honoraren für größere Publicationen. Dem beiderseitigen Interesse dürfte eine etwa halbjährige Kündigungsfrist entsprechen und wäre in jeweilig wechselnder Vereinbarung ein drei- bis vierwöchentlicher Urlaub im Jahre anzupassen.«

171 Brief an Nellie Reed vom 25. März 1898 aus Priene.

erst im Juni 1899 für längere Zeit nach Wien. Benndorfs positive Entgegnung auf die Einwände von Wilberg vom 10. März 1898 nach seiner Anfrage vom 7. Februar lautet folgendermaßen:[172]

»So sind wir dann mit dieser Zusage formell an einander gebunden und dürfen hoffen, dass sich ein wissenschaftlich nützliches Zusammenwirken ergeben werde, das auch in persönlichem Sinne erfreulich zu gestalten mir selbst sowohl es in dem kürzlich zu meinem Stellvertreter ernannten Herrn Professor Robert von Schneider[173] am Herzen liegt. Hinsichtlich Ihrer Frage betreffs der Publikationen von Priene besteht für Sie meines Erachtens kein prinzipielles Hindernis sich daran zu beteiligen. Selbstverständlich werden die Aufgaben unseres Institutes in der Zeit die Hauptsache bleiben und als Hauptsache Ihre Zeit und Kraft bestimmen müssen. Aber ich zweifle nicht, daß sie Ihnen Nebenarbeiten solcher Art, aus denen Sie selbst ein direct wie beruflichen Vortheil zögen, gestatten werden, und wir alle legen Werth darauf in dem guten persönlichen Verhältnis, das uns mit den Berliner Collegen verbindet, nicht bloß als die Empfangenden zu erscheinen.«

Wilhelm stellte sich allmählich auf seine neue Tätigkeit ein: »Und dann ist diese neue Stellung auch nicht so einfach wie meine bisherige. Die Wiener Herren sind an die Zeichnungen des Prof. Niemann gewöhnt, der aber zu alt ist um auch diese neue Stelle zu übernehmen. Er zeichnet natürlich tausendmal besser als ich und ich [muss] sehr sehr viel noch lernen um es ihm einigermaßen gleich zu machen […]. Überhaupt freue ich mich auf die Zeit in Wien, wo man viel Lehrreiches sieht und man wohl auch manche interessante Menschen kennen lernen werde.«[174] Augenblicklich sei Dr. Schrader da. Wiegand sei seit drei Wochen krank und sei vom Krankenhaus in Smyrna ins Deutsche Hospital in Konstantinopel übergesiedelt (Brustfellentzündung). So leite er mit Schrader die Ausgrabungen, bei denen hübsche Terracotta-Figuren und kleine Marmorsachen ans Licht gekommen seien. Das Wichtigste seien die aufgedeckten Häuser selbst, aus deren Grundriss man erst das hellenistische Wohnhaus kennen lerne. »Die einzigen bis jetzt bekannten Häuser sind auf Delos, aber unsere hier in Priene sind älter.« Er möchte noch bis Mitte Juni 1898 graben und Ende Juni wieder in Smyrna sein. Vorher plane er kleinere Touren zu machen, nach Hierapolis und Laodicea, nach Pergamon und Samos. Anfang Juli werde er wieder in Athen sein, für einen vollen Monat.[175]

172 Archiv Vignau-Wilberg, Fürstenfeldbruck.
173 Robert von Schneider (Wien 1854–1909 Wien). Klassischer Archäologe. Nach dem Studium 1880 Kustos-adjunkt, 1883 Kustos, 1899 Direktor der Antikensammlung des Kunsthistorischen Museums in Wien. Seit 1898 Zuwachs der Antikensammlung durch die Fundstücke aus Ephesos. 1898 Vizedirektor des ÖAI und nach dem Tod von Benndorf 1907 Direktor des ÖAI.
174 Brief an Nellie Reed vom 10. Mai 1898 aus dem Deutschen Konsulat in Smyrna.
175 Ibid.

Die Kampagnen des ÖAI in Lousoi auf der Peloponnes der Jahre 1898 und 1899, die besonders dem Heiligtum der Artemis Hemera galten, gehören zu den frühesten des neuen Institutes. Auch Wilhelm Wilberg war an der Publikation der Grabungsergebnisse durch Adolf Wilhelm und Wolfgang Reichel beteiligt[176], und hat sie durch das zumindest teilweise in Athen erfolgte Zeichnen und Umzeichnen von Plänen sowie Zeichnen der Dachterrakotten bereichert.[177]

In dem Briefwechsel mit Nellie Reed folgt jetzt eine Unterbrechung von mehr als einem Jahr. Im nächsten Brief (Athen, 17. Dezember 1900) ist der Übertritt vom DAI ins ÖAI bereits vollzogen. Seine Situation hat sich geändert: »Ich bin jetzt ständig in Wien, aber mit Ausnahme von wenigen Monaten im Winter fast das ganze Jahr auf Reisen. Kaum wurde es im Frühjahr schönes Wetter, reiste ich nach Dalmatien, wo große und meist noch gut erhaltene römische Gebäude sind, die ich im Laufe der nächsten Jahre neu aufnehmen und zeichnen muß«. Im Sommer war er einige Wochen in Hannover und Berlin, wo er seinen Bruder Ernst besuchte, der jetzt als Adjutant beim Grafen Waldersee in China sei. »Ende August fuhr ich nach Smyrna, wo Anfang August die Ausgrabungen wieder begannen, die bis Anfang dieses Monats dauerten. Das große Theater [in Ephesos] haben wir jetzt fertig aufgedeckt. Es ist eines der größten in Kleinasien und da trotz der vielen römischen Umbauten noch viel von dem ursprünglich griechischen Bau des dritten Jahrhunderts v. Chr. steht, ist es für die Theatergeschichte sehr wichtig und für Herrn Dörpfeld sehr interessant.« Sonst wird hauptsächlich Persönliches erzählt: Sein Bruder Karl, der Buchhändler, verstarb unerwartet am 18. Oktober 1899.[178] Wilhelm schrieb am 20. Oktober 1899 in tiefer Trauer an Otto Benndorf, dass er nicht in der Lage sei, auch wegen seiner Mutter, jetzt Athen zu verlassen und erst im Laufe der nächsten Woche in Smyrna eintreffen werde.[179] 1899 reiste er nach Athen um mit ihr Weihnachten zu feiern. Seitdem versuche sich seine Mutter abzulenken und war im Frühjahr und Sommer 1900 bei ihrer Tochter Marianne verheiratete Pridik in St. Petersburg.[180]

176 Siehe Wolfgang Reichel und Adolf Wilhelm, Das Heiligthum der Artemis zu Lusoi. In: Jahreshefte des Österreichischen Archäologischen Institutes in Wien 4, 1901, S. 1–89. Siehe Mitsoupolos-Leon 1998, S. 15, 48, 61–62, 68.

177 Schauer 2020, S. 501.

178 Karl Wilberg gest. 18.10.1899, führte zusammen mit dem ältesten Bruder Fritz nach dem frühen Tod des Vaters die Buchhandlung. Siehe auch Brief an Nellie Reed, 17. Dezember 1900.

179 Nachlass Benndorf, ÖNB, Handschriften- und Inkunabelsammlung, Sign. 743/19. Freundlicher Hinweis von Christa Schauer, Wien/Athen.

180 Ehemann Eugen Pridik (Reval 7. August 1865–3. Juli 1935 St. Petersburg). Klassischer Archäologe und Numismatiker. Studienreisen 1894–1896 nach Griechenland und Italien, 1896/97 nach Russland. 1898 Assistent, ab 1899 Konservator am Münzkabinett der Eremitage in St. Petersburg, 1904–1918 Oberkonservator der Antikenabteilung, ab 1919 bis 1930 Konservator der Abteilung für antike Münzen. Ehe mit Marianne Wilberg am 16. Juni 1897. Das

Wilhelm verbrachte den Sommer 1900 in Spalato / Split (Brief an Benndorf, 9. Juni 1900), von wo er sich bei Benndorf meldet. Die Ausgrabungen in Asseria wurden in jener Woche abgeschlossen, »nachdem das Trajansthor vollständig freigelegt wurde«.[181]

Als Wilhelm Nellie den nächsten erhaltenen Brief schrieb (Brief vom 23. April 1901 aus Wien) meldete er ihr, dass seine Mutter Ende Februar[182] 1901 in Athen einem Schlaganfall erlegen war. Er verliere mit ihr zugleich sein »Heimathaus«. Er hatte sie kurz vor seiner Abreise im August 1900 zum letzten Mal gesehen. Zwar sei er jetzt seit Anfang Januar 1901 in Wien, aber eine neue Aufgabe warte auf ihn: Die Vermessung und Aufzeichnung einer großen Anzahl gut erhaltener römischer Bauten in Dalmatien innerhalb von mehreren Monaten. Zu Ostern 1901 machte er von Wien aus eine Reise nach Weimar, das ihm aus seiner Schulzeit recht vertraut war. Im Herbst 1901 setzte er seine Arbeit in Ephesos fort. In diesem Brief finden sich erstmals Andeutungen eines veränderten Privatlebens: Nellie vermutete ihn verliebt und gar verlobt, was Wilhelm zunächst entrüstet leugnete. Dennoch wird es in den Jahren 1901 bis 1903 sein, dass er seine künftige Ehefrau Marie (Mimi) Favarger kennenlernt.

Sein Brief vom 5. Juni 1901 aus Benkovac in Dalmatien kündete von einem deutlichen Wohlbefinden in seinem Leben und in seiner Arbeit. Er sitze, schrieb er, in einem Nest, wo er den Ausgrabungen einer kleinen römischen Stadt beiwohne, etwa eine Stunde von Benkovac entfernt, Wilhelm fahre jeden Morgen mit zwei weiteren Herren bei schönstem Wetter dorthin. Wetter, Wärme und die kahlen Berge erinnern ihn sehr an Griechenland. Sie graben dort die Stadt Asseria[183] aus. Die Stadtmauern seien gut erhalten und stehen in einer Höhe von mehreren Metern. Der Hauptfund der Grabung sei ein schönes Stadtthor, das zu Ehren des Kaisers Trajan gebaut wurde (siehe oben): »Es läßt sich aus den erhaltenen Theilen gut wieder herstellen und wird ein hübsches Bild in der Publikation geben. Es ähnelt dem Thor in Benevent und Rom, nur ohne Skulpturen.« Zu den Grabungen erschien dann wie üblich eine

erste Kind Heinz wurde im Februar 1898 geboren. Heinz nahm noch zwischen August und Oktober 1942 von St. Petersburg aus mehrmals schriftlichen Kontakt mit seinem Onkel Wilhelm auf und erkundigte sich nach der Familiengeschichte in Athen (Brief im Archiv Vignau-Wilberg, Fürstenfeldbruck). Am 16. März 1900 wurde in St. Petersburg ihr Sohn Wilhelm geboren, der als am 11. September 1947 verstorben vermeldet ist im Totenbuch des Sowjetischen Speziallagers Nr. 2 in Buchenwald (http://totenbuch-speziallager.buchenwald.de/names/list/q/p/page/10.) Im Jahr 1903 kam die Tochter Ilse zur Welt (siehe Foto in Familienbesitz).

181 Brief von Wilhelm Wilberg an Otto Benndorf, ÖNB, Handschriften und Inkunabelslg., Nachlaß Benndorf, Sign. 743/13. Hinweis Christa Schauer.

182 Das Datum stimmt nicht mit dem Todesdatum in diversen Stammbäumen überein, 8.(23.) März 1901.

183 Stadt bei Benkovac, von den Illyrern im 3. Jh. v. Chr. gegründet und von den Römern besiegt und anschließend besiedelt.

22 Wilhelm Wilberg mit Strohhut, beigelegt im Brief an Nellie Reed, 3. November 1901.

Publikation, mit den Autoren Hans Liebl und Wilhelm Wilberg.[184] Da die Umgebung nur spärlich besiedelt sei, hätten sie sich selbst Verpflegung mitgebracht und lebten so in der freien Natur. Als Sonnenschutz bauten sie sich eine Hütte aus Laub; abends fuhren sie zurück nach Benkovac und wohnten dort in einem kleinen, ziemlich schmutzigen Hotel. Dieser Aufenthalt sei aber lediglich für drei Wochen geplant.

Von hier aus gehe er nach Spalato/Split, »wo ich meine voriges Jahr begonnene Arbeit am großen Kaiser Palast des Diocletian fortsetzen will.« Diese Arbeit werde wohl noch einige Jahre in Anspruch nehmen. Bis Mitte August 1901 bleibe er in Spalato, dann »muß ich wieder nach Ephesos, wo die Ausgrabungen Anfang September beginnen werden um etwa bis Anfang Dezember zu dauern.« So war das Jahr gänzlich ausgefüllt mit Grabungsprojekten und wohl recht befriedigend. Im Brief vom

184 Hans Liebl und Wilhelm Wilberg, Ausgrabungen in Asseria. In: Jahreshefte des Österreichischen Archäologischen Institutes, Bd. 11, 1908, Beiblatt, Spalte 17–88.

23 Blick aus dem Grabungshaus in Ayasoluk auf die Isabey-Moschee, 1901.

28. Juli 1901 aus Clissa/Clis bei Spalato berichtete er Nellie, dass er zwischendurch eine Reise nach Berlin machen werde um dort seinen Bruder Ernst zu treffen, der dann aus China zurückkehre. Anschließend gehe er nach Athen und Ephesos, wo er bis Dezember 1901 bleibe.

Von Ephesos aus berichtete er Nellie in einem Brief vom 3. November 1901. Der Brief ist ausnahmsweise auf Englisch geschrieben – denn in Smyrna, wo er oft weilt, gibt es eine große englischsprechende Kolonie und so übe er viel und regelmäßig Englisch. Er schickt Nellie Fotos von sich selbst mit Vollbart und Strohhut (Abb. 22) und von Ephesos und erklärt sie. So der Ausblick vom Grabungshaus in Ayasoluk (Selçuk) auf die Isabey-Moschee (entstanden 1375), eine halbe Stunde von den Ausgrabungen entfernt, mit Blick auf die Kaystros-Ebene (Kaystros=Kleiner Mäander) (Abb. 23). Die Landschaft mit Bergen und Meer sei im November durch den Regen saftig grün. In der Nähe rage der Tempel der Diana, das Artemision von Ephesos auf, von dem nur wenig erhalten ist. Er war einst eines der sieben Weltwunder. Weiter der Blick vom Theater zur Ebene, Gebäude auf der römischen Agora; auf einem Hügel ein Türmchen, bezeichnet als das Gefängnis des Heiligen Paulus. Rechts der alte Hafen,

24 Aussicht über das Theater in Ephesos, 1901.

der jetzt vier Meilen vom Wasser entfernt liege (Abb. 24). Auch habe sich ein kleines Brunnenhaus aus der griechischen Periode erhalten, mit römischen Säulen im Vordergrund (Abb. 25).

Wilhelm blieb nun mit Rudolf Heberdey[185] bis Dezember in Ephesos und ging dann für zwei Wochen nach Smyrna um das Manuskript und die Pläne zum Theater zu beenden. Von Smyrna aus reiste er nach Wien und er plante im März 1902 eine Reise nach Lykien und Pisidien[186], beides gebirgige Landschaften im Südwesten von Kleinasien.

185 Rudolf Heberdey (Ybbs a. d. Donau 1861–1936 Graz). Klassischer Archäologe, Klassischer Philologe, Epigraphiker und Altertumswissenschaftler. Reisestipendien nach Griechenland, Italien. Reisen nach Kilikien zur Aufnahme von Inschriften, 1896 stellv. Leiter der Ausgrabungen in Ephesos, 1898–1904 Sekretär des ÖAI in Smyrna und Leiter der Grabungen in Ephesos, 1904–1909 1. Sekretär des ÖAI in Athen. Bis 1913 fast jährlich in Ephesos, legte mit Wilhelm Wilberg das große Theater frei. 1909 Lehrstuhl in Innsbruck, 1911 in Graz.

186 Da bereits 1900 von Heberdey und Wilberg ein Aufsatz über die Grabbauten von Termessos in Pisidien publiziert wurde (siehe Lit.) hatten sich beide schon vor 1900 dort aufgehalten. Vgl. Schauer 2020, S. 506, Anm. 47.

25 Kleines Brunnenhaus in Ephesos, 1901.

Seinen vorletzten Brief an Nellie schrieb Wilhelm am 6. Dezember 1901 aus Smyrna; er sagt wenig aus und enthält lediglich Geburtstags- und Weihnachtswünsche. Eine Karte vom 16. Januar 1902 schickte er mit einem kurzen Gruß aus Konstantinopel und der Ankündigung, dass er morgen nach Wien reise. Im letzten Brief, fast ein Jahr später, 25. Oktober 1902, aus Ayasoluk (bei Selçuk) geschrieben, schilderte er das Jahr 1902, das von einem anstrengenden Pendeln zwischen Smyrna und Wien geprägt war. Es fällt darin kein Wort über die Auszeichnung, die ihm am 7. März 1902 von Kaiser Franz Joseph I. verliehen wurde, das Goldene Verdienstkreuz mit der Krone. Leider komme er nicht dazu, seine Ergebnisse über Pisidien und Pamphilien zu publizieren, obwohl ihm das wichtig wäre. In diesem Brief an Nellie wird neben Wien auch die Stadt Salzburg erwähnt, ohne weitere Erläuterung. Ab September 1902 war Wilhelm wieder in Ephesos. Auch Dörpfeld werde dorthin kommen, sobald er seine Grabungen in Pergamon beendet hätte und er freue sich sehr, ihn wieder zu sehen.

Ephesos: Die Celsus-Bibliothek

Den Ausgrabungen in Ephesos verdankt Wilhelm Wilberg seinen größten Ruhm. Im Mittelpunkt seines Interesses stand die Agora mit dem angrenzenden Areal. Kurz nachdem das ÖAI mit den dortigen Grabungen begonnen hatte, stieß man auf die sogenannte »Celsus-Bibliothek«. Schlicht und bescheiden wird die Entdeckung der Bibliothek vierzig Jahre später geschildert:[187] »Im Herbst 1903 begannen die Ausgrabungsarbeiten an der Südostecke der Agora und endeten mit der Aufdeckung des Südtores, des genannten Mithridates-Tores [...]. Während dieser Grabungen wurden mächtige, reich geschmückte Architekturglieder aus weißem Marmor gefunden, die einen vollkommen anderen Stil zeigten als die vom Südtor der Agora stammenden Werkstücke und einem Gebäude aus dem zweiten nachchristlichen Jahrhundert angehören mußten. [...] Immer mehr Werkstücke kamen zu Tage, manchmal sogar in der ursprünglichen Falllage, von einem gewaltigen Erdbeben niedergeworfen. Erst weiter nach Westen greifende Grabungen brachten endlich die Reste des einstmals so prächtigen Baues zum Vorschein, der nach den aufgefundenen Inschriften eine als Heroon des Tiberius Julius Celsus Polemaeanus gestiftete Bibliothek gewesen war«. Erst wurde die Fassade mit der großen Freitreppe ausgegraben, an deren Fuß die Platten der »Partherreliefs« vorgefunden wurden, die in eine spätantike Brunnenanlage verbaut waren. In der folgenden Ausgrabungskampagne, Herbst 1904, wurden die Platten des Partherdenkmals entfernt und die ganze Fassade und auch das Innere der Celsus-Bibliothek freigelegt.[188] Die Abhandlung über das gesamte Bibliotheksgebäude erschien zwar erst 1944,[189] Wilhelm Wilberg hatte aber bereits 1908 einen Aufsatz über die Fassade veröffentlicht[190] (Abb. 26, Abb. 27). In den Abbildungen der Aufsätze ist alles noch Erhaltene eingetragen, sowohl die Bauteile als auch die Schmuckelemente. Die Fassade der Bibliothek ist in mehreren damals erschienenen Kunst- und Architekturgeschichten abgebildet. Bei einem dermaßen komplett erhaltenen Baubestand (etwa dreiviertel waren erhalten) war die spätere Entscheidung, die Fassade der Celsus-Bibliothek wieder zu errichten, sicher klug. Sie wurde zwischen 1970 und 1978 von Volker Michael Strocka und Friedmund Hueber realisiert (Abb. 28). Beide stützten sich auf die akribische Rekonstruktion der Fassade von Wilhelm Wilberg, die bereits im Jahr 1908 im Druck vorlag[191] (Gedächtnistafel in der rechten Wand der Fassade eingelassen).

187 Wilhelm Wilberg, Das Gebäude. In: Forschungen in Ephesos, Bd V, Heft 1: Die Bibliothek, hrsg. von Josef Keil. 2. Aufl 1953, S. 1.

188 Aus: Wilhelm Wilberg, 1953, S. 1–2.

189 Heft 1 des 5. Bandes der Forschungen in Ephesos; 2. Aufl. 1953.

190 Wilhelm Wilberg, Die Fassade der Bibliothek in Ephesos, In: Jahreshefte des Österreicheischen Archäologischen Institutes, Bd. XI, 1908, Beiblatt, S. 118–135.

191 Siehe ÖJh 11, 1908, S. 118: »Die genaue architektonische Aufnahme der vielen Baustücke von der

26+27 Rekonstruktion der Fassade der Celsus-Bibliothek in Ephesos.
In: Wilberg Publikation 1908, S. 122 und 123

28 Neu errichtete Fassade (1970-1978) der Celsus-Bibliothek in Ephesos.

Wien und Salzburg 1902–1916

Wilhelm Wilberg war vermutlich im Jahr 1901 nach Wien übergesiedelt. Nach seiner Eheschließung mit Marie (Mimi) Favarger und der Geburt seines Sohnes wohnte er, wie aus Lehmanns Adressenverzeichnis hervorgeht[192], mit seiner Familie zunächst (verzeichnet 1906–1909) am Kolowratring 6 (der spätere Schubertring) im I. Bezirk, 1910 bis 1916 in der Hörlgasse 5, IX. Bezirk. Nach dem plötzlichen Tod seiner Frau (siehe unten) zog er in die Berggasse 6 – die beiden letztgenannten Adressen liegen in nächster Nähe seiner Dienstadresse ÖAI, IX, Türkenstraße 4. Ab 1921/1922 (nach seiner 2. Ehe) war er ununterbrochen im IV. Bezirk in der Mozartgasse 4 verzeichnet, unweit der Karlskirche. Im Jahr 1901 war er 29 Jahre alt, eine hochgewachsene, elegante

Bibliothek in Ephesos ermöglichte es, deren Fassade fast lückenlos zu rekonstruieren.« Vgl. Friedmund Hueber und Volker Michael Strocka, Die Bibliothek des Celsus, Eine Prachtfassade in Ephesos und das Problem ihrer Wiederaufrichtung. In: Antike Welt. Bd. 6, Heft 4, 1975, S. 3–14.

192 Freundlicher Hinweis von Christa Schauer, Athen / Wien. Adolph Lehmann‹s allgemeiner Wohnungs-Anzeiger nebst Handels- u. Gewerbe-Adressbuch für d. k.k. Reichshaupt- u. Residenzstadt Wien u. Umgebung. Siehe auch (=) Lehmann Online - digitalisierte Adressbücher [von Wien] von 1859 bis 1942.

Erscheinung mit einem Vollbart, der ihn – wie er schreibt – älter aussehen ließ. Er wirkte distinguiert, eher englisch als deutsch, war vielseitig gebildet, sprachgewandt und sensibel. Somit war er ein wahrhaftiger Gewinn für die gehobene Gesellschaft, für jeden Salon in Wien, wo sich bei regem geistigem Austausch interessante und interessierte Menschen trafen. Einer der prominentesten Cercles war der Salon von Rosa von Gerold, Ehefrau (damals bereits Witwe) des Buchhändlers und Verlegers Moritz von Gerold.

Vielleicht war es einer seiner österreichischen Kollegen, der Wilhelm den Zugang zu dem Salon verschaffte und die Gastgeber auf ihn aufmerksam machte. Das könnte zum Beispiel Adolf Wilhelm gewesen sein. Jedenfalls erscheint der Name von Adolf Wilhelm, dem 1. Sekretär des ÖAI in Athen, durch viele Jahre hindurch und erstaunlich häufig im Gästebuch der Familie Moritz und Rosa (von) Gerold, im »Fremdenbuch Neu-Waldegg 1868«.[193] Die Eintragungen im Gästebuch, die den breiten und weltweiten Freundeskreis des gastfreundlichen Ehepaars Gerold spiegeln, beginnen kurz nach der Vollendung ihrer Villa Lindenhof in Neu-Waldegg (Neuwaldegg), jetzt im Wiener XVII. Bezirk, in Hernals.[194] Die Eintragungen im Gästebuch enden im Jahr 1904, auf der letzten beschreibbaren Seite des Buches (»Finis« auf S. 369), drei Jahre vor dem Tod von Rosa von Gerold. Die Gerolds starben kinderlos. Ihr Gästebuch fand sich im Nachlass von Wilhelm Wilberg, der über die Familie Favarger mit den Gerolds verwandtschaftlich verbunden war. Es haben sich im Gästebuch zahlreiche Prominente aus europäischen und außereuropäischen Ländern (wie Japan und China) mit Namen und Widmung verewigt, so der Verleger A. W. Sijthoff, Leiden, am 11. Juli 1877 (auf S. 111)[195], Dr. Max Planck aus München, 22. März 1881 (auf S. 141)[196], Heinrich Brockhaus aus Leipzig, 13. April 1881 (auf S. 141)[197] und Franz von Pausinger, 6. November 1881 (auf S. 149)[198]. Moritz Gerold (seit 1878 von Gerold) (1815–1884) war ein bedeutender Verlagsbuchhändler, geboren und tätig in Wien. Im Jahr 1856 wurde Gerold Buchhändler der Österreichischen Akademie der Wissenschaften und

193 Zunächst ohne Dr. Titel (20. Oktober 1894; auf S. 321 »aus Athen«), dann mit Titel (auf S. 279, »Dr. Adolf Wilhelm, Athen, 23. Oktober 1896«), danach am 18. November 1900 (auf S. 325 »Dr. Adolf Wilhelm aus Athen«), im Oktober 1901 (id., S. 335) und an weiteren Stellen.

194 Die Villa ist ein Frühwerk des Architekten Carl Frhr. von Hasenauer (1833–1894), der etwa zehn Jahre später das Kunsthistorische Museum und das Naturhistorische Museum sowie das Burgtheater in Wien bauen sollte.

195 Albertus Willem Sijthoff (1829–1913) und Frau Miena Sijthoff: Bedeutender niederländischer Verleger in Leiden, Niederlande.

196 Max Planck (1858–1947). Physiker, Nobelpreisträger für Physik 1918.

197 Heinrich Brockhaus (1858–1941). Deutscher Kunsthistoriker.

198 Franz von Pausinger (1839–1915). Landschaftsmaler, geboren und gestorben in Salzburg. Siehe weiter unten.

Vorsteher der Wiener Korporation des Börsenvereins deutscher Buchhändler. Als ein Eckpfeiler des Wiener Kulturlebens sowie als Brennpunkt der gelehrten und künstlerischen Welt galt der »Geroldsche Salon«, dessen Mittelpunkt seine Frau Rosa von Gerold (1829–1907) war.[199] Selbst Schriftstellerin, hochbegabt und vielgereist, verfasste sie anspruchsvolle kulturelle Reiseliteratur unter Berücksichtigung der heimischen Flora, darunter ein Buch über Korfu und Athen, und dies nur wenige Jahren nach dem Bestseller von Gregorovius über Korfu: »Ein Ausflug nach Athen und Korfu«, 1885, und später (es handelt sich um die Beschreibung einer späteren Reise):»Ein Ausflug nach Kerkyra und Athen«, 1895.

Nah verwandt mit den Gerolds war die Familie Favarger. Henri François Favarger, der Vater von Théodore/Theodor Favarger, dem zukünftigen Schwiegervater von Wilhelm Wilberg, war tätig in Triest und mit der Schwester von Moritz Gerold, Anna Franziska Gerold aus Wien verheiratet.[200] Schon auf S. 11 des Gästebuchs hat sich am 6. Juni 1870 »Paul Favarger de Neuchatel« eingetragen[201]. Die Familie Favarger war weitverzweigt. Am 8. April 1889, S. 191, ist der Name des Pater familias Theodor (hier in deutscher Schreibweise) Favarger mit seiner Frau Marie (genannt Mimi) und Tochter Dora Favarger zum ersten Mal zu lesen.[202]

Für die Verbindung der Familie Favarger zu Wilhelm Wilberg sind die Einträge vom 1. März 1902 (auf S. 343) und vom 23. März 1903 (auf S. 349) interessant. Am 1. März 1902 sind »M. [Monsieur] Favarger« und »Mimi Favarger« [geb. Gottlieb], beide »aus Paris« eingetragen, darunter separat auf derselben Seite »Wilhelm Wilberg, Athen, 16. März '02«.[203] Die Bekanntschaft zwischen Wilhelm und der Familie Favarger wird

199 Zu Rosa von Gerold; https://de.wikipedia.org/wiki/Rosa_von_Gerold.

200 Vgl. die gemeinsame Publikation: Recollections of the Salzkammergut, Ischl, Salzburg, Bad Gastein with a sketch of Trieste by J. Joyce. Trieste, sold by H. F. Favarger in Trieste, by C. Gerold and son in Vienna and C. Jügel in Frankfort, 1850. Anna Favarger geb. Gerold starb am 8. Dezember 1897 (lt. Anzeige in der Neuen Freien Presse vom 9.12.1897). Freundlicher Hinweis Christa Schauer

201 Paul Favarger (1839–1929) war der älteste Sohn von Charles-Louis Favarger. Die Schweizer Familie Favarger gründete eine berühmte Chocolaterie. Auf S. 25 (20. Juni 1873) ebenfalls aus Neuchatel eine Cécile Favarger. Danach erscheint auf S. 161 am 12. August 1883 ein A. Favarger aus Neuchatel.

202 Mimi muss in diesem Fall als die Verkleinerung von Marie, der Frau von Theodor Favarger, geborene Gottlieb verstanden werden. Die kleine Tochter Marie genannt Mimi war erst am 16. April 1884 in Paris geboren worden. Die ev. Taufe von Marie Ottilie Rosalie Favarger, eine Haustaufe, fand am 17. November 1884 statt, »à domicile 60 Boulevard de Courcelles«, mit Mr. B. B. Hotchkiss und Mme M. Hotchkiss als Taufpaten. Dora (Paris 21.3.1878–16.4.1967 Salzburg), die ältere Tochter, war damals dagegen bereits 11 Jahre alt und die Schrift der Eintragung ist altersentsprechend.

203 Die Tochter Mimi schrieb in einigen Briefen, dass sie sich auf den Besuch in Wien bei Tante Rosa im Februar 1902 sehr freue und hoffe, dort lange zu bleiben. Zum Kontakt von Mimi Favarger und Rosa von Gerold siehe Briefe in ÖNB; Handschriften- und Inkunabelsammlung, Sign. 742/44. Hinweis Christa Schauer.

29 Marie Favarger-Gottlieb und Wilhelm Wilberg im Garten von Schloss Blumenstein, August 1902.

sich wahrscheinlich in der ersten Hälfte des Jahres 1902 angebahnt haben.[204] Wilhelm schrieb Nellie in einem Brief vom 25. Oktober 1902 aus Smyrna, dass er im Sommer in Wien und in Salzburg sein werde. Bemerkenswert ist, dass die Widmung im Korfu-Buch von Gregorovius, das Mimi von »Lily«[205] erhielt, am 16. April 1902 datiert ist. Laut Fotoalbum der Familie Favarger aus dieser Zeit fand die Korfu-Reise noch im März 1902 statt. Den eingeklebten Fotos zufolge besichtigte man Korfu-Stadt/Kerkyra, Garitsa und das Achilleion von außen, außerdem Benitses, Kanoni und den Park Mon Repos. Am 26. März hielt man sich bereits in Athen auf.[206] In einem anderen Fami-

204 Allerdings schreibt Wilhelm Wilberg selbst in einem Brief an den Sohn Alex vom 20. Februar 1923, in dem er die künftige Ehe mit seiner zweiten Frau ankündigt, dass es an jenem Tag »gerade zwei und zwanzig Jahre« sind, »daß ich unsere liebe Mami kennen lernte«.

205 Wohl Lily Rechinger-Favarger (1880–1973), Botanikerin, Tochter von Dr. Heinrich Favarger, Ehefrau von Dr. Karl Rechinger, Botaniker, Kustos am Naturhistorischen Museum, Cousine von Mimi Wilberg-Favarger. Mit Dank an Christa Schauer.

206 Die Fotos der Monumente auf der Akropolis sind im Vergleich zu den anderen Fotos scharf und professionell, so daß man dafür einen anderen Fotografen vermuten könnte, möglicherweise Wilhelm Wilberg.

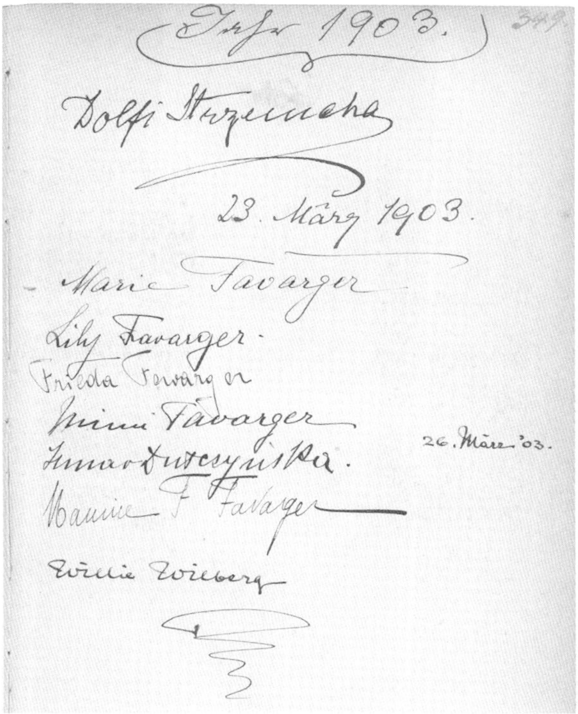

30 Gästebuch von Rosa von Gerold, Wien, S. 349.

lienalbum zeigen August 1902 datierte Fotos Wilhelm und Mutter Marie im Garten von Schloss Blumenstein (Abb. 29). Auf S. 349 des Gästebuchs von Rosa von Gerold (Abb. 30) sind die Familie Favarger und »Willie Wilberg« unter dem Datum »26. März 1903« vereint eingetragen.[207]

Theodor Favarger, Wilhelms späterer Schwiegervater, entstammte einem schweizerischen Geschlecht und wurde am 31. Mai 1845 in Triest geboren. Nach einem Technikstudium in Wien arbeitete er dort als Ingenieur in der Siegl'schen Maschinenfabrik und war anschließend in Paris tätig an der Hotchkiss Geschützfabrik AG in St. Denis, einer Rüstungsfirma, erst als Teilhaber, dann als Generaldirektor. Er war seit 1877 verheiratet mit Marie Gottlieb (1848–1928), Arzttochter aus Schärding, die mehrere Jahre

207 »Marie Favarger, Lily Favarger, Frieda Favarger, Mimi Favarger, [...unlesbar], Maurice Favarger, Willie Wilberg«: eine durchaus familiärere Form als Wilhelm, da er offenbar jetzt zur Familie Favarger/Gerold gehörte. Theodor Favarger fehlt unter den Gästen, ebenso Dora, die älteste Tochter, die 1900 Curt von Vignau geheiratete hatte. Maurice (Maurice, Moritz: Paris 19.1.1879– Todesjahr unbekannt) war zur Zeit dieser Einladung ein Student der Medizin in München, wo er 1913 promovierte.

31 Louise Catherine Breslau, Mimi und Max Favarger 1892, Pastell, Brüssel, Privatbesitz.

als Hofopernsängerin in Wien tätig war. Die Hochzeit fand in Pottendorf (Niederösterreich, Bez. Baden) statt. Bei der Taufe der Tochter Marie (Mimi), 1884, ist als Adresse Boulevard de Courcelles angegeben, im Mai 1904 bestätigt Theodor, dass er seit 1887 der Besitzer von Rue Alfred de Vigny no. 2 ist. Während der Vater von Marie Gottlieb aus Prossnitz, Mähren, stammte, war ihre Mutter Rosalie von Pausinger die ältere Schwester des berühmten Salzburger Malers Franz von Pausinger (siehe auch Gästebuch). Theodor Favarger erwarb 1888 Schloss Blumenstein als zusätzlichen Wohnsitz. Seine Frau und die vier Kinder Dora, Maurice/Moritz, Max und Marie (Mimi)[208] lebten abwechselnd in Paris und in Salzburg (Schloss Blumenstein). In Paris wurden die Kinder von der Porträtistin Louise Catherine Breslau gemalt, Mimi und Max im Jahr 1892 (Abb. 31), Dora und Maurice 1894.[209] Theodor starb in Paris kurz nach der Hoch-

208 Max Favarger, geboren in Paris 1881 oder 1882, gestorben vor 11.5.1946.

209 Louise Catherine Breslau, Pastell, signiert und 1892 datiert, 110 x 104 cm. Brüssel, Privatbesitz. Ein Pastell derselben Malerin aus dem Jahr 1894 mit dem Bildnis von Dora und Maurice wurde 1895 in Paris ausgestellt und hat die gleichen Maße. Standort unbekannt. Siehe Salon du Champ-de-Mars,

32 Wilhelm Wilberg und Mimi Wilberg geb. Favarger als Hochzeitspaar vor Schloss Blumenstein, 1904.

zeit von Mimi und Wilhelm, am 12. Dezember 1904. Das Schloss Blumenstein ging in den Besitz von Marie Favarger-Gottlieb über. Sie war es wohl auch, die 1915 den Antrag bei der Stadt Salzburg stellte, die Straße, die von der Salzach hinauf an Blumenstein vorbeiführte, die bisherige Fürbergstraße, nach dem Tod ihres Onkels, des Salzburger Malers Franz von Pausinger, im Jahr 1915 in Pausingerstraße umzubenennen, was noch im selben Jahr geschah. Blumenstein wurde in den folgenden Jahren für Wilhelm und seine Familie ein erholsames Refugium.[210]

Die gesellschaftlichen Kontakte des jungen Paares beschränkten sich nicht auf Salzburg und Wien. Mimi war bei ihrer Hochzeit 19 Jahre alt (Abb. 32), hochgewachsen, zart gebaut, aber offenbar zäh und ausdauernd, da sie mehrmals die Strapazen

25 April 1895, cat. no. 1325 (»M. Maurice et Mlle. Dora Favarger, pastel«). Beide Pastelle 1905 in der Sammlung Théodore Favarger (Gazette des Beaux-Arts, 47, vol. 34, 1905, S. 201). Erw. A.-C. Krüger, Die Malerin Louise Catherine Breslau 1856–1927. Biographie und Werkanalyse. Diss. Hamburg 1988, Nr. 314.

210 Schloss Blumenstein wurde erst 1956 an Baron Jordis verkauft und ist seitdem im Besitz der Familie Jordis.

eines längeren Griechenlandaufenthaltes und archäologischer Expeditionen in Griechenland und Kleinasien gut überstand. Geheiratet wurde im Juli 1904 in Salzburg.[211]

Nach seiner Hochzeit im Juli 1904 weilte Wilhelm im Oktober 1904 erneut in Ephesos, diesmal zeitweise in Begleitung seiner Frau. In einem Brief vom 11. April 1905 von der Adresse Kolowratring 6 in Wien an Rosa von Gerold berichtet Mimi, dass sich »das Ereignis nähert«, Willie sei auch da.[212] Nach der Geburt ihres Sohnes Alexander im Mai 1905 war Wilhelm offenbar längere Zeit in Wien (es existieren Fotos einer aufwendigen Fronleichnamsprozession am Graben und am Stephansplatz). Von Wien aus verbrachte die Familie Wilberg im Sommer 1905, kurz nach der Geburt des Sohnes, einige Zeit in Oberösterreich – am Traunsee mit Gmunden und Traunkirchen, in Hallstatt, in Obertauern und in Radstadt. Die heiße Sommerzeit wurde in Salzburg in Schloss Blumenstein verbracht. Vom September bis November 1905 war Wilberg erneut in Ephesos, teilweise mit seiner Frau, und wohnte in Ayasoluk. Die Ruinen des Artemistempels in Ephesos sowie das große Theater (Abb. 33, Abb. 34) standen in dieser Zeit im Mittelpunkt seines Interesses. Die antike Stadt Hierapolis – Pamukkale in Phrygien war im Oktober 1905 Ziel einer wohl eher touristischen Besichtigung von Wilhelm und seiner Frau. Gegründet im 2. Jahrhundert v. Chr. war sie dank ihrer Thermalquellen einmal eine blühende Stadt; sie wurde im 14. Jahrhundert durch ein verheerendes Erdbeben zerstört. Carl Humann hatte dort bereits 1887 provisorisch gegraben, danach ruhten die Grabungen. Das Paar reiste im Dezember über Triest nach Venedig. Den Winter und die Weihnachtszeit verbrachten die Familie in Schloss Blumenstein.

Im September 1906 begleitete Mimi ihren Mann erneut nach Ephesos. Die Reise umfasste diesmal einen längeren Aufenthalt in Konstantinopel/Istanbul und Umgebung (3. bis 6. September 1906). Der Friedhof in Ejub (Eyüp), im Stadtteil am Goldenen Horn auf der europäischen Seite von Istanbul, wo sie sich am 5. September 1906 aufhielten (Abb. 35), und der Tschinili-Kiosk, schon damals Sehenswürdigkeiten, wurden von Wilhelm fotografiert. Auch von den Ausgrabungen in Ephesos entstanden immer wieder fotogene Ablichtungen, besonders der Celsus-Bibliothek (Abb. 36, Abb. 37). Eine Fähre mit vier Eseln und ihren Treibern bei dem breiten Fluss Mäander (Abb. 38), drei ruhende Kamele mit ihren Lasten, 14. bzw. 16. Oktober gesehen, ein

211 Sie war im Mai 1904 noch als wohnhaft in Paris gemeldet und besaß laut Schreiben vom 23. April 1904 den Heimatschein von Neuchatel, Schweiz. Nach Schauer 2020, S. 506, wurde die Vermählung bereits im Mai 1904 in einigen Pariser Zeitungen angezeigt. Wie ein Foto nahelegt, fand die Hochzeit in Salzburg statt. Der Polterabend fand am 24. Juli in Blumenstein statt.

212 Brief vom 11. April 1905, ÖNB, Handschriften- und Inkunabelslg. 743/44-4. Dokument http://data.onb.ac.at/rec/AC14230025. Hinweis Christa Schauer.

33+34 Großes Theater in Ephesos, 1904/05.

35 Istanbul mit Friedhof in Ejub, September 1906.

37 Celsus-Bibliothek, Aufnahme 1906.

36 Celsus-Bibliothek, Aufnahme 1906.

38 Fähre über den Fluss Mäander mit Eseln und Treibern, 1906.

39 Grabungshaus in Didyma mit Archäologen, 1906.

orientalischer Bazar und dann viele Fotos von Priene, so vom Theater dort (13. Oktober 1906), das Dörpfeld so schätzte, das Grabungshaus in Milet und die Gruppe der Archäologen bei der Grabung in Didyma, beschriftet »14. Okt. 1906, v. Salis,[213] Wiegand, v. Marées[214] und WW.« sowie das Grabungshaus in Didyma und ein weiteres Foto der Archäologen (mit Mimi) und einem türkischen Kollegen, ebenfalls vom 14. Oktober (v. Salis, Wiegand, Zepelius[215], Mimi und v. Marées, Abb. 39).

Das Jahr 1907 brachte Wilhelm mit seiner Frau in der zweiten Maihälfte von Wien aus über Venedig nach Grado. In dieser Stadt machte Wilhelm Ausgrabungen zusammen mit »Monsignore« Heinrich Swoboda, mit dem er auch die Ergebnisse publizierte. Auch hier war Mimi dabei (20. bis 27. Mai 1907). Es entstanden Fotos der Basilica

213 Arnold von Salis (Liestal 1881–1958 Zürich). Klassischer Philologe, klassischer Archäologe und Kunsthistoriker, spezielles Interesse für die innere Gesetzmäßigkeit der Entwicklung in der Kunst und das Fortleben von Bildmotiven. Er schlug eine Universitätslaufbahn ein mit Unterricht auf breiter Basis an den Universitäten von Bonn, Rostock, Münster, Heidelberg und Zürich.

214 Hauptmann Walther von Marées, Vermessungsoffizier, assistierte Dörpfeld 1905 auf der Insel Leukas.

215 Zepelius: wohl der Karlsruher Architekt und Archäologe Hans Zippelius (1873–1956).

40 Patriarchensessel in der Basilica di Sant'Eufemia, Grado, 1907.

di Sant'Eufemia, mit dem beeindruckenden Sessel des Patriarchen (Abb. 40). Im Jahr 1908 wurde Wilhelm die österreichische Staatsbürgerschaft verliehen. Die Einbürgerungsurkunde ist auf den 25. März 1908 datiert.[216] Als österreichischer Staatsbeamter wurde Wilhelm am 1. April 1909 zum Architekten des k. k. Österreichischen Archäologischen Instituts ernannt. Eine Vereidigung folgte. Sein Reisepass wurde in Wien

216 Per Urkunde vom 12. Juni 1908 wird er mit Frau Maria und Kind Alexander aus der Preußischen Staatsangehörigkeit entlassen. Für die Staatsbürgerschaft brauchte man einen Heimatschein. Der für die Staatsbürgerschaft benötigte Heimatschein ist herausgegeben am 6. Mai 1908 von der Marktgemeinde Gloggnitz, Bezirk Neunkirchen, Land Nieder-Österreich (kostete 200 Gulden).

41 Familie Wilberg im Wienerwald, 1912.

am 4. Juli 1908 ausgestellt.[217] Bald danach reisten beide erneut nach Smyrna (Einreisedatum laut Pass war der 8. Oktober 1908).

Es folgen einige Jahre, aus denen keine konkreten Zeugnisse erhalten sind. Wilhelm war auf Reisen, Mimi hatte die Sorgen für die Familie und den Haushalt, in Wien in der Hörlgasse und in Blumenstein, wo auch Marie Favarger-Gottlieb wohnte. Ein Sommerfoto, beschriftet »Wienerwald 1912«, zeigt die junge Familie unbeschwert bei einer Rast im Gras (Abb. 41).

Adolf Wilhelm hatte sich schon 1895 um ein eigenes Gebäude für das in Athen zu gründende ÖAI bemüht. Nachdem die griechische Regierung ein Grundstück zur Verfügung gestellt hatte, konkretisierte sich das Projekt. Ernst Ziller legte bereits 1897

217 »Wilhelm Wilberg, Architekt, wohnhaft in Wien, zuständig nach Gloggnitz, Bez. Neunkirchen, N. Ö.« Darin eingetragen: Visum für die Reise von Smyrna über Konstantinopel, 9. Juli 1908; Visum für die Reise von Smyrna nach Athen: 28. November 1908 (Verlängerung im Jahr 1910 für drei Jahre erhalten in Wien, 20. Juni 1910); Visum für die Türkei (allgemein): ausgestellt in Wien 26. Juli 1911; Verlängerung des Passes auf weitere drei Jahre durch das Österreichische Generalkonsulat, Piräus, am 24. Mai 1913. Visum für Italien ausgestellt durch die italienische Botschaft in Wien am 17. Oktober 1914.

42 Das Österreichische Archäologische Institut in Athen, gesehen von der Gartenseite, Mimi auf dem Balkon. 1912.

einen ersten Entwurf für ein Institutsgebäude vor.[218] Dieser wurde 1905 von Wilhelm Wilberg und dem Wiener Architekten Anton Fuchs überarbeitet. Der Bau wurde ausgeführt und war 1908 vollendet (Abb. 42).[219] Der Plan des 1. Stocks zeigt den Grundriss der Wohnung des Ersten Sekretärs (Abb. 43). Keiner der Pläne im Besitz des ÖAI entspricht genau dem ausgeführten Bau. Der endgültige Einreichplan von Ernst Ziller befindet sich in seinem Nachlass in der Nationalpinakothek in Athen,[220] jedoch ergaben sich auch nach der Einreichung noch kleinere Änderungen. Nach der Eröffnung des Neubaus für das Athener Sekretariat im März 1908 fungierte als 1. Sekretär bis 1909 Rudolf Heberdey, dann bis 1912 Anton von Premerstein. Als dieser zum Professor in Marburg an der Lahn ernannt wurde und Athen verließ, wurde am 30. Mai 1912 Wilhelm Wilberg offiziell zum Ersten Sekretär des Österreichischen Archäologischen Instituts in Athen ernannt, mit der Bitte, die Geschäfte des gegenwärtig stellvertreten-

218 Mitsopoulos-Leon 1998, Taf. 2a, b, 3 a, b, 4a, b und 5a.

219 Ebenda, Taf. 6a, b, 7a, b.

220 Er ist abgebildet in dem von Marilena Z. Kasimati herausgegebenen Ausstellungskatalog Ερνέστος Τσίλλερ, αρχιτέκτων (1837–1923), Athen 2010, S. 179 (http://www.nationalgallery.gr/images/docs/books/ziller.pdf).

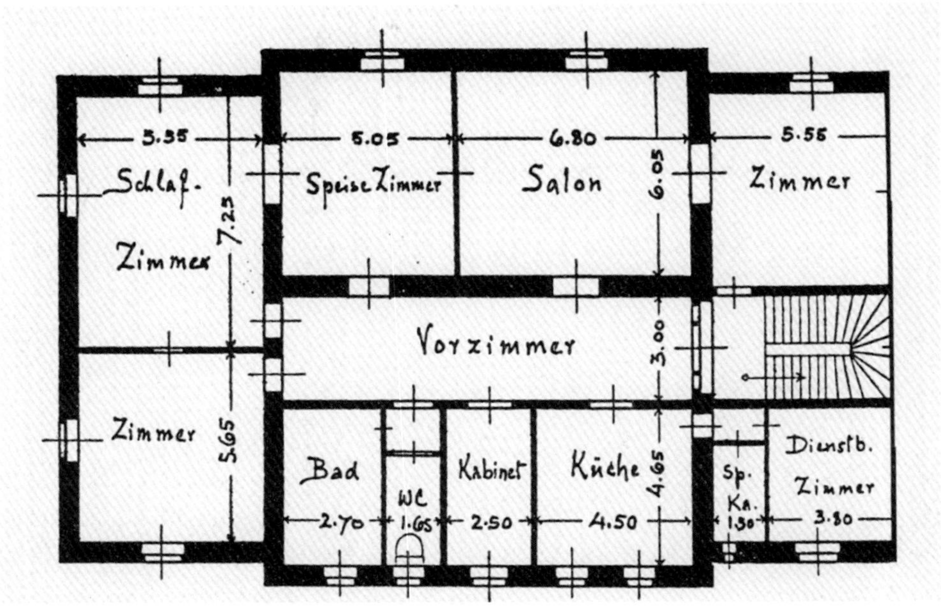

43 Plan für das Institutsgebäude des Österreichischen Archäologischen Instituts in Athen. 1. Stockwerk (Wohnung des 1. Sekretärs).

den Ersten Sekretärs Dr. Otto Walter[221] ab 1. Juni 1912 zu übernehmen.[222] Den Diensteid legte Wilberg am 24. September 1912 ab.

Nach alter Tradition legte auch Wilberg ein Gästebuch an, dessen erster Eintrag »Athen, 1. Dezember 1912« lautet. Georg Karo[223], der Erste Sekretär des DAI, ist in sei-

221 Otto Walter (Wien 1882–1965 Salzburg). Klassischer Archäologe und Jurist. 1908–1910 Stipendiat des ÖAI, Hauptstandort Athen. 1912–1916 Zweiter Sekretär des ÖAI in Athen. 1917 Zweigstelle Smyrna und deren Auflösung. 1921–1938 Leiter der Zweigstelle Athen des ÖAI. Österreichischer Konsul. Bei der Eingliederung des ÖAI in das DAI wurde er zweiter Sekretär und verlor seine Selbständigkeit. 1944 erzwungener Weggang aus Athen, Inventar des ÖAI und Privatbesitz gingen verloren. Blieb ab 1945 endgültig in Österreich, wurde Professor in Innsbruck, dann Ordinarius in Wien und zugleich Mitdirektor des ÖAI 1951–1953.

222 Unterzeichnet Reisch, Direktor des k.k. ÖAI. Emil Reisch (Wien 1863– 1933 Wien). Klassischer Philologe und Klassischer Archäologe. Bereits 1890 Lehrstuhl für Archäologie in Innsbruck. 1898 Lehrstuhl in Wien als Nachfolger von Otto Benndorf, 1909 Direktor des ÖAI in Wien. 1916/17 Rektor der Universität Wien. Wiederaufnahme der Grabungen nach dem Ersten Weltkrieg (1925 Aigeira, 1927 Ephesos, 1932 Elis). Vermehrte Ausgrabungen im Inland. Wichtige editorische und organisatorische Tätigkeit.

223 Georg Karo (Venedig 1872–1963 Freiburg i.Br.). Klassischer Archäologe und Klassischer Philologe, 1905 Zweiter Sekretär (Nachfolge H. Schrader), 1912 Erster Sekretär (Nachfolge W. Dörpfeld) des DAI in Athen. Teilnahme an Grabungen von Kaiser Wilhelm II. in Korfu, 1911–1914. 1920 Lehrtätigkeit

ner Privatwohnung ein häufiger Gast. Zusammen mit Karo leitete Wilberg offenbar im April 1913 eine Exkursion nach Kreta und zwar nach Knossos und Chania (Candia). Das legt eine Briefstelle des amerikanischen Studenten Emerson H. Swift nahe, der die Ausführungen vor Ort auf den Exkursionen beider Herren als wenig fesselnd empfand: »Once on shipboard, we joined a group of fourteen German scholars led by Dr. Karo, Director of DAI, and Dr. Wilberg, Director of the Austrian School. I had earlier met most of these men in one way or another and so we often practiced exchanges of stilted conversation [...]. On April 6 we landed at Candia and spent the whole day in the museum trying to concentrate on Karo's painfully detailed discussions, mostly of vases and minor objects. By way of change, on Monday Wilberg led us through the huge palace of Knossos, but his method proved nearly as boring«.[224]

Die Familie Wilberg – Wilhelm, Mimi und Alex – war ab Herbst 1912 in Athen vereint und wohnte bis Frühjahr 1914 mit Unterbrechungen in der Dienstwohnung des Instituts. Mimi begleitete Wilhelm häufig bei den Grabungsaufenthalten in Ephesos (Abb. 44, Abb. 45). Zu Silvester 1912 war laut Gästebuch auch Agnes Dörpfeld, die Schwester von Wilhelm Dörpfeld, bei den Wilbergs eingeladen. Unterbrochen von Perioden, in denen Wilhelm für Grabungen unterwegs war, läuft das Gästebuch weiter, bis es kurz vor Kriegsausbruch (28. Juli 1914) mit einem Eintrag am 8. Mai 1914 abrupt abreißt: Im Frühsommer 1914 hatte Wilberg die Rigorosen in Graz abzulegen. Sohn Alex besuchte in dieser Zeit die von Wilhelm Dörpfeld im Winter 1896/97 gegründete Deutsche Schule in Athen.[225] Die Deutsche Schule war mit dem Ziel ein Zentrum zu sein für die deutsche Sprache und die deutsche Kultur für deutsche, griechisch-deutsche und griechische Kinder gegründet worden. Das erste Gebäude wurde privat finanziert (u.a. von Kaiser Wilhelm II.) und nach Plänen von Dörpfeld gebaut. Es umfasste ursprünglich nur eine Primarschule. Im Jahr 1910 folgte ein zweiter Bau, ebenfalls nach Plänen von Dörpfeld.[226] Ein Exemplar des Jahresberichts 1912/1913 hat sich erhalten[227]. Alex Wilberg ist dort in der III. Klasse, im dritten Jahrgang aufgelistet.[228] In einer umfangreichen Korrespondenz berichtet er seiner Großmutter in Schloss Blumenstein, was er erlebte. Am 11. Juni 1914 kehrte Alex nach Blumenstein

in Halle, ab 1930 erneut Erster Sekretär des DAI in Athen. 1936 Pensionierung, 1939 Emigration. 1952 Rückkehr nach Deutschland (Freiburg i.Br.)

224 E.H.Swift, Youthful Rambles on the Trail of the Classics, 1912–1915. Gilroy, Calif. 1975, S. 38, nach Vogeikoff-Brogan, in Sporn/Kankeleit (Hrsg.) 2019, S. 263.

225 Siehe vor allem Alexandra Kankeleit, The German Archaeological Institute at Athens and the German School of Athens, 1896–1932. In Sporn/Kankeleit (Hrsg.) 2019, S. 279–299.

226 Ibid., S. 285.

227 Im Archiv Vignau-Wilberg, Fürstenfeldbruck.

228 Deutsche Schule in Athen. Bericht über das XVII. Schuljahr vom 1. September 1912. 31. August 1913, gr. St. Athen, Dezember 1913, S. 13 (Archiv Vignau-Wilberg, Fürstenfeldbruck).

44 Eine Mahlzeit im Grabungshaus in Ephesos, 1912/13: Wilhelm Wilberg, Mimi Wilberg, Rudolf Heberdey und Josef Keil.

zurück. Beide Eheleute engagierten sich im Deutsch-Athener Leben: Wilhelm war im Schulrat als Schulpfleger tätig[229], Mimi spendete der Schulbibliothek zwei Bücher mit deutschen Kinderliedern: Lieder nach Hoffmann von Fallersleben, gesetzt von E. Richter, und Kinderlieder, gesetzt von Karl Reinecke.[230] Der Eintrag in Mimis Pass, »Piräus 24. Mai 1913« könnte bedeuten, dass sie den heißen Sommer über in Blumenstein verbrachten. Am 18. März 1913 war Georg I., der langjährige König der Hellenen, zu dem das ÖAI eine persönliche Beziehung pflegte, in Thessaloniki ermordet worden.[231] In einem Brief vom 30. Dezember 1913 bittet Wilhelm das griechische Ministerium um Vorstellung beim neuen griechischen Königspaar in einer Privataudienz. Wegen der Trauer der Königsfamilie fanden jedoch keine Privataudienzen statt.[232]

Im Jahr 1914 promovierte Wilhelm Wilberg an der Universität Graz. Er hatte im Januar 1914 bei dem Professorenkollegium der Universität Graz den Antrag gestellt, zu den Rigorosen zur Erlangung des Doktorgrads an der philosophischen Fakultät

229 Bericht 1912/13, S. 28.
230 Bericht 1912/13, S. 8.
231 Der griechische Staat schenkte dem österreichischen Staat das Grundstück auf dem das Institutsgebäude errichtet werden sollte. Der König und das Kronprinzenpaar waren bei der Eröffnung des Hauses 1908 anwesend.
232 Nach Schauer 2020, S. 507–509.

45 Wilhelm Wilberg bei der Grabung in Ephesos, 1912/13.

zugelassen zu werden. Er reichte eine Doktorarbeit über »Das Südtor der Agora in Ephesos« sowie acht gedruckte Schriften ein. Rudolf Heberdey, Leiter der Grabungen in Ephesos, unterstützte als Doktorvater die kumulative Dissertation.[233] Laut Brief des Dekanats der Philosophischen Fakultät Graz wurde Wilhelm Wilberg am 29. April 1914 zum Rigorosum zugelassen. Die Prüfungen setzten sich aus den Fächern Klassische Archäologie, Neuere Kunstgeschichte und Philosophie zusammen und fanden wohl Anfang Juli 1914 statt. Die Promotionsurkunde der Karl-Franzens-Universität Graz ist am 11. Juli 1914 ausgestellt.[234] Wilberg teilte die Erlangung des Doktorgrads in seiner uneitlen Art seinem deutschen Kollegen Karo mit, der in Igls weilte, und zwar auf einer Ansichtskarte mit Blick vom Franziskanerturm auf Salzburg, datiert 18. Juli 1914: »Ich kann Ihnen die für mich sehr erfreuliche Mitteilung machen, daß ich nach glücklichem Bestehen aller Rigorosen an der Universität Graz zum Dr. phil. promoviert wurde. Ich fand diesen Dünkel zu dem Namen bei der Stellung in Athen doch notwendig.«[235]

233 Schauer 2020, S. 508, nach dem Doktoratsakt der Universität Graz.

234 Dissertationsthema »Das Südtor der Agora in Ephesos«, Begutachter Rudolf Heberdey.

235 Athen, DAI, Archiv.

Intermezzo: Korfu/Kerkyra

In dem Nachlass von Wilhelm Wilberg befinden sich mehrere Objekte, die eine Beziehung zur Insel Korfu und ihrer Hauptstadt aufweisen. Auf den Reisen, die Wilhelm in Richtung Norden machte, bildete Korfu in Griechenland den letzten Hafen, den das Linienschiff anlief: Wie Wilhelms Reisebeschreibung in den Briefen an Nellie von 1896 zeigt, fuhr man von Athen aus nach Piräus, von dort über Land nach Patras und von dort per Schiff nach Korfu. Von Korfu brachte das Schiff den Reisenden nach Brindisi, wo es per Zug weiter ging, nach Venedig oder nördlich vom Brenner, nach Deutschland, mit Umsteigen in Verona.[236]

Mit den anderen Ionischen Inseln gehörte Korfu erst seit Mai 1864 zu Griechenland. Nachdem am Anfang des 19. Jahrhunderts Frankreich und Russland die Herrschaft über die Insel angestrebt hatten und Frankreich dabei den Sieg errang, stand sie ab 1816 als unabhängiger Staat unter britischem Protektorat. Die Engländer waren allerdings 1864 gezwungen, sich von der Insel zurückzuziehen: Griechenland wurde ab 1863 von dem dänisch-deutschen Prinzen Georg I. als König der Hellenen, regiert.

Die historisch und kulturell vielseitige Insel Korfu mit ihren Reminiszenzen an die byzantinische, italienische, französische und englische Vergangenheit wurde in der zweiten Hälfte des 19. Jahrhunderts zunehmend zu einem Touristenmagnet. Ferdinand Adolf Gregorovius (1821–1891), Journalist, Schriftsteller und autodidaktischer Historiker, verfasste bereits 1882 ein liebevoll geschriebenes Büchlein über die Insel und besonders über Korfu-Stadt. Eigentlich war Italien, besonders die Stadt Rom, das Spezialgebiet von Gregorovius. Hier hatte er als Privatgelehrter lange Zeit seinen Wohnsitz.[237] Nachdem sein Essay »Die Insel Capri – Idylle vom Mittelmeer« (1868) zum großen Erfolg geworden war, und er drei kurze Beiträge über Korfu geschrieben hatte, legte man ihm nahe, eine ähnliche Publikation wie über Capri nun über Korfu zu verfassen. Die erste Auflage von »Korfu – eine ionische Idylle« erschien 1882, die zweite bereits 1884. Ein Exemplar der 2. Auflage mit einer 1902 datierten Widmung an Mimi[238] von einer »Lily« (der Schrift nach wohl Lily Favarger)[239], befindet sich in Wilbergs Nachlass. [240] Im März 1902 hat es wohl den ersten Kontakt gegeben zwischen

236 Siehe S. 50, Beschreibung im Brief an Nellie Reed im Herbst 1896.

237 Sein Buch »Geschichte der Stadt Rom im Mittelalter«, wofür er in Archiven zahllose unbekannte Quellen erschloss, gilt als Standardwerk.

238 In diesem Fall wohl eher Marie Favarger-Gottlieb, die sich unter Freundinnen auch Mimi nannte (Lily war die Cousine von Mimi Wilberg-Favarger, s. weiter oben)

239 Vgl. ihren Eintrag aus dem Jahr 1902 im Gästebuch von Rosa von Gerold, siehe Anm. 205.

240 Dass auch Wilhelm es (kritisch) gelesen haben muss, ist ersichtlich aus einer Randbemerkung in Bleistift auf S. 14, wo die Rede ist von Reichsgraf von

Wilhelm und der Familie Favarger (Marie, Lilly, Mimi und anderen), vielleicht ging die Anregung dieser Korfu-Reise aus dieser Begegnung hervor.[241]

Gregorovius weilte für den Stoff dieses Essays im Jahr 1880 zwei Monate in Griechenland. Wie er in seinem Vorwort vermerkte, verbrachte er davon lediglich zehn Tage in Korfu/Kerkyra. Karl Wilberg, der Vater von Wilhelm und deutscher Buchhändler in Athen, notiert in seinem Tagebuch die genauen Daten, an denen Ferdinand Gregorovius und sein Bruder, Oberst Gregorovius, in Athen waren: 10.–12. April 1880, »die beiden Gregorovius«[242]; am 21. April ist noch einmal von Gregorovius die Rede[243]. Am 25. April 1880 reisten die Brüder Gregorovius ab.[244]

Korfu und Kaiserin Elisabeth – Sisi und das Achilleion

Sicherlich hat das Essay über Korfu von Ferdinand Gregorovius zur Popularität von Korfu als touristisches Reiseziel am Ende des 19. Jahrhunderts beigetragen. Das Interesse war schon gestiegen, als Korfu und die übrigen ionischen Inseln 1864 definitiv an Griechenland kamen. Für die bayerischen Philhellenen, von denen der regierende Bayernkönig Ludwig I. einer der prominentesten war, erhielt Korfu als Vorpfosten von Griechenland eine besondere Anziehungskraft.

Als Tochter von Herzog Maximilian von Bayern wurde Elisabeth, genannt Sisi, 1837 in München geboren und wuchs in dieser philhellenischen Atmosphäre heran. Ihren österreichischen Cousin Erzherzog (im selben Jahr schon Kaiser) Franz Joseph lernte sie 1848 kennen. Er heiratete sie im Jahr 1854, als Sechzehnjährige. Elisabeth hatte ein rastloses Naturell und eine schwache Gesundheit. Sie übte und stärkte sich bei Reisen, sportlicher Betätigung und Beschäftigung mit politischen Fragen. Zunächst zog sie besonders Ungarn in den Bann, ab 1885 begeisterte sie sich zunehmend für Griechenland. Der damalige österreichische Konsul für Griechenland, Alexander von Warsberg (1836–1889) war in Griechenland ihr Führer. Sisi vertiefte sich in die griechische Mythologie, las Homer und lernte Alt- und Neugriechisch. Korfu ist bei ihren Griechenlandreisen häufig Ausgangs- und Ruhepunkt.

der Schulenburg, der als Brandenburger bezeichnet wird, was er in »Thüringer« korrigierte.

241 Erstaunlich ist allerdings, daß bei dem Nachlaßmaterial die Publikation über Korfu von Rosa von Gerold selbst, die nur kurz nach der Schrift von Gregorovius erschienen war, fehlt: »Ein Ausflug nach Athen und Korfu«, Zeichnungen von Ludw. H. Fischer. Druck und Verlag von Carl Gerold's Sohn, 1885.

242 Tagebuch Karl Wilberg, Bd. II, S. 132.

243 Tagebuch Karl Wilberg, Bd, II, S. 133.

244 Tagebuch Karl Wilberg, Bd. II, S. 134.

46 Villa Achilleion bei Korfu, heutiger Zustand.

Zunächst war sie dort häufig Gast des griechischen Königs Georg I. in seiner Villa Mon Repos[245] mit einer großen Parkanlage bei Korfu-Stadt. Bald kaufte sie sich in der Nähe von Mon Repos eine exponierte und hoch gelegene Villa mit einem Grundstück um hier ein eigenes Refugium zu realisieren: das Achilleion.[246] Warsberg hatte sie auf die baufällige Villa Brailas aufmerksam gemacht, die sie abreißen und zwischen 1888 und 1891 neu aufbauen ließ und mit antiken (griechischen, römischen und ihnen nachempfundenen) Bauteilen und Möbeln einrichtete. Achilles war einer jener Heroen der griechischen Mythologie, die Sisi in Homers Epen am meisten verehrte. Nach ihm benannte sie ihre Villa »Achilleion« (Abb. 46).

245 Mon Repos: 1828–1832 von George Whitmore errichtet in neo-klassizistischem Stil als Sommersitz des britischen Gouverneurs Sir Frederick Adam (1832–1864), wurde danach (1864–1967) zur Sommerresidenz der griechischen Königsfamilie. Prinzgemahl Philip, Herzog von Edinburgh, wurde hier 1921 geboren. Mon Repos – Haus und Park – wurden 2001 für die Öffentlichkeit geöffnet. Das Haus ist als Museum eingerichtet und enthält archäologische und historische Objekte.

246 Siehe u.a. Olivia Lichtscheidl mit Beiträgen von Manuela Laubenberger, Sisi auf Korfu. Die Kaiserin und das Achilleion, Wien 2012.

Die Skulptur des sterbenden Achilles, verwundet durch den Pfeil in seiner Ferse, der einzigen verletzbaren Stelle seines Körpers, war ein Werk des Berliner Bildhauers Ernst Gustav Herter.[247] Sie entstand im Jahr 1884 im Auftrag von Sisi und beeindruckte sie so sehr, dass sie die Skulptur an einem der prominentesten Blickpunkte der Villa – im Park am Aufgang zur Villa – aufstellen ließ.

Von zahlreichen Schicksalsschlägen gebeutelt überlegte die Kaiserin schon im Jahr 1893, das Achilleion zu verkaufen. Sie hielt sich im Frühjahr 1896 zum letzten Mal dort auf. Danach wurde das Achilleion zum Verkauf freigegeben. Den Verkauf des Schlosses erlebte Sisi nicht mehr. Am 10. September 1898 wurde Kaiserin Elisabeth in Genf durch den Anarchisten Luigi Lucheni ermordet.

Kaiser Wilhelm II. und das Achilleion

In seinem Buch »Erinnerungen an Korfu«[248] erzählt Kaiser Wilhelm II. auf der ersten Seite und am Anfang des Kapitels »Das Achilleion und seine Umgebung«, wie es dazu kam, dass er den Wunsch verspürte, das Achilleion zu erwerben:

»Im Jahr 1905 stattete ich aus Anlass einer Mittelmeerreise, nach vorheriger Verabredung, dem später in Saloniki ermordeten König Georg von Griechenland einen Besuch auf der Insel Korfu ab. Ich besuchte das Flaggschiff der im Hafen ankernden britischen Flotte während der Zeit, die verstrich, bis König Georg mit seiner Yacht einlief. Es wurden Fahrten zu Wagen über die zauberhaft schöne Insel gemacht, deren entgegenkommende Bevölkerung die Königsfamilie und ihren Gast ehrfurchtsvoll und freundlich begrüßte. Auf der Rückfahrt von dem Ausflugsorte Peleka[249] mit herrlicher Fernsicht auf das freie Meer und die schroffe, stolze Südwestküste der Insel, schlug König Georg mir vor, das Achilleion zu besichtigen, das seit dem Tode der Kaiserin Elisabeth unbenutzt und leer stehe. Das Schloss und die sehr vernachlässigten Gärten wurden besehen. Ich war völlig überwältigt von dem Zauber der klassischen Antike, der über dem Ganzen schwebte wie von dem geradezu fabelhaft umfassenden Panorama, welches die großartige Fern- und Rundsicht auf die Insel, den Kanal und das Festland von Epirus boten. Bontempo, der Kastellan des Achilleions, hatte seine hohe Herrin, die Kaiserin Elisabeth, auf ihren Fahrten durch das Mittelmeer als Deckoffizier der »Miramare« begleitet, und war auch anwesend gewesen, als Ihre Majestät

247 Ernst Gustav Herter (1846–1917): Berliner Bildhauer, bekannt durch seine Denkmäler und Grabmäler.

248 Kaiser Wilhelm II., Erinnerungen an Korfu. Berlin und Leipzig 1924, S. 7–8.

249 Peleka: Pelekas bei Paleokastritsa.

den Platz bestimmte, an welchem das Achilleion gebaut werden sollte. [...] Auf der Rückfahrt nach der Stadt Korfu schlug der König mir vor, das Achilleion zu kaufen und daraus einen Ruheplatz für das Frühjahr nach anstrengendem Winter für die Kaiserin und mich zu schaffen. Er und sein Land würden froh sein, mir Gastfreundschaft nach altbewährter Griechenart zu bieten, ebenso seine Regierung. Das Schloß stehe schon lange zum Verkauf, aber es habe sich noch niemand gefunden, außer einem Bankier und einer Gesellschaft die ein Hotel daraus machen wolle, nebst Spielhöhle.«

Darauf wandte sich Wilhelm II. an Kaiser Franz Joseph, der sich darüber freuen würde, wenn das Schloss in seine Hände käme. Seine Tochter, Prinzessin Gisela, Ehefrau Leopolds von Bayern, hätte das letzte Wort. Die Verhandlungen verliefen zunächst ergebnislos, der Kauf kam aber dann im Frühjahr 1907 zustande. Die gediegene Berliner Firma Prechtel, spezialisiert in der historisierenden römischen Kaiserzeit – übernahm die Möblierung. In 1908 reiste der Kaiser mit der Kaiserin an.

Der Kaiser führte die Gesellschaft über die große Treppe bis zum zweiten Stock mit dem wundervollen Garten, auf zwei Seiten von offenen Säulenhallen umrahmt, mit weißen Marmorstatuen und Philosophenhermen umstanden. Bei aller Bewunderung für Sisis Konzept hatte Wilhelm II. aber den Wunsch, einige Veränderungen vorzunehmen. So empfand er den »Sterbenden Achill« von Herter als für die große Terrasse zu klein – für Sisi war er eine Symbolfigur gewesen – und er versetzte ihn auf die Mittelterrasse. An seiner Stelle ließ Wilhelm II. das eherne 10 m hohe Standbild von Achilles in voller Rüstung, den »Siegreichen Achilles«, von Johannes Götz[250] aufstellen. Götz könne »antik denken«, hat Wilhelm II. in seinen »Erinnerungen« geschrieben. Das Kunsturteil des deutschen Kaisers und das der Kaiserin Elisabeth waren in dieser Hinsicht deutlich verschieden. Das äußerte sich auch in einer weiteren Veränderung: Sisi hatte den Dichter Heinrich Heine verehrt und immer wieder zitiert. Er war ihr Lieblingsdichter. Sie widmete ihm einen kleinen Rundtempel im unteren Drittel des Berghanges, auf einer halbrunden Plattform des Parks. Heine war im offenen Hemd und auf einen Sessel hingesunken dargestellt, die Beine von einer Decke umhüllt. Wilhelm II. schätzte Heine aus mehreren Gründen nicht besonders, ließ die Statue entfernen, verkaufte sie und stellte statt ihr ein Standbild von Kaiserin Elisabeth in den Rundtempel.

Als weiteren Eingriff ließ Wilhelm II. außerhalb des Gebäudes einen palastähnlichen Bau in neoklassizistischem Stil errichten, bestimmt für sein Gefolge. Er nannte es das »Kavaliershaus«. Als Architekt wählte er Ernst Ziller, den Erbauer des DAI und

250 Johannes Götz (1865–1934): Deutscher Bildhauer.

47 Angelos Giallinas, Peristyl des Achilleion, 1893, Aquarell.

ÖAI in diesen Jahren. Ziller war auch ab 1907 für die Renovierung und die baulichen Veränderungen am Achilleion verantwortlich.

Eine eher stilistische Korrektur ließ Wilhelm II. ausführen, indem er im Peristyl, in der Säulenhalle des Gartengeschosses, Wesentliches änderte. Sisi hatte die Rückwand des Peristyls größtenteils nahezu in der gesamten Höhe ausschmücken lassen. Diese Rückwand zeigte Fresken mit Szenen aus der griechischen Geschichte und Mythologie. Für Sisi bildete diese Art der Ausstattung möglicherweise eine Reminiszenz an die Ausschmückung der Hofgartenarkaden ihrer Heimatstadt München, wo Peter von Cornelius und seine Schüler 1826 bis 1829 in den westlichen Hofgartenarkaden die Geschichte des Hauses Wittelsbach in einzelnen Szenen gestalteten. Die freien Flächen im Peristyl waren dekorativ verziert in antikischer Art. Auch die Decke der Säulengalerie war mit bunten Kassetten ausgeschmückt. Einen Eindruck des damaligen und von Sisi beabsichtigten Zustandes des Achilleions zeigen die von Angelos Giallinas[251] 1893 ausgeführten Aquarelle, auch des Peristyls (Abb. 47). Auch die Fotos aus dem Atelier von B. Borri & Figlio in Korfu[252] aus dem Nachlassmaterial von Wilhelm Wilberg vermitteln einen guten Eindruck der ursprünglich bunten erzählerischen Gestaltung dieser Säulenhalle (Abb. 48, Abb. 49).

251 Angelos Giallinas (Korfu 1857–1939 Korfu).
252 Bartolomeo und sein Sohn Giuseppe Borri arbeiteten 75 Jahre lang als Starfotografen in Korfu und erhielten für ihre Fotos, die auf internationalen Ausstellungen hingen, zahlreiche Auszeichnungen (Ehrenmedaille der internationalen Ausstellung in Paris 1889). In 1894 wurden sie in Brüssel mit einer Ehrenmedaille geehrt.

48+49 Peristyl mit ursprünglicher Ausmalung (Foto B. Borri & Figlio, Korfu).

50+51 Peristyl mit späterer und heutiger Ausmalung.

52+53 Entwurf von Wilhelm Wilberg für die spätere Ausmalung, genehmigt 1911.

Die vielfarbige Ausschmückung war dem Kaiser offenbar nicht genehm. Außerdem entsprach der sich an die nazarenische Malweise von Cornelius und seinen Schülern anlehnende Malstil nicht mehr dem Zeitgeschmack Wilhelms II. und seines Architekten Ernst Ziller, der das Schloss neu instand setzen sollte. Die Wandeinteilung mit der Trennung durch Pilaster wurde zwar beibehalten, die Wandflächen wurden jedoch einfarbig in Ocker übermalt. Kassettendecke und Pilaster wurden weiß gelassen und symmetrisch, gleichsam klassizistisch, gestaltet. Die Säulen vor dem Peristyl, vor denen die Statuen der Musen stehen, blieben so, wie sie waren. Das untere

Drittel der Säulen ist rostrot eingefärbt. Die Architrave zwischen den Kapitellen sind weiß und ohne Dekoration.

Als Ersatz für die Wandmalereien wurde eine ruhige, passende Dekoration gesucht und gefunden (Abb. 50, Abb. 51). Der Künstler, der diese schlichte Dekoration entwarf, die aus einfachen, oben offenen Lorbeerkränzen besteht, war Wilhelm Wilberg (Abb. 52, Abb. 53). Sein Monogramm »W.W.« und das Datum der Akzeptanz des Vorschlags«15. VIII. 1911« befinden sich auf mehreren Zeichnungen. Die Vermittlung ging höchstwahrscheinlich auf Ernst Ziller zurück, der Wilbergs erster Lehrmeister war, und in seinem Gutachten besonders dessen Fertigkeit im Zeichnen gelobt hatte.

In der großen Nachlass-Mappe mit einer Beschriftung in blauer Kreide (»Corfu«) findet sich das Material zum Arbeitsprozess, Fotos des Zustandes vor 1898, Risse des Bauamts und Handzeichnungen mit Vorschlägen für die Verzierung des Peristyls und der Decke von Wilhelm Wilberg.

Kaiser Wilhelm II. und die Ausgrabungen bei Korfu-Stadt 1911–1914

Kaiser Wilhelm II. war ein begeisterter Amateurarchäologe. Deshalb suchte er die Bekanntschaft, Freundschaft und aus seiner Sicht Zusammenarbeit mit berühmten Archäologen seiner Zeit. Nachdem Heinrich Schliemann 1890 gestorben war, war es vor allem Wilhelm Dörpfeld, Schliemanns engster Mitarbeiter, der auch den begeisterten, aber teilweise dilettantisch vorgehenden Schliemann bei den Ausgrabungen durch seine Kenntnisse als Architekt und Bauforscher hat lenken können. Schliemann grub, seit er Dörpfeld 1881 in Olympia beim Graben beobachtet hatte, nicht mehr ohne Dörpfeld. Dieser war 1887 bis 1912 Leiter des DAI in Athen und der einflussreichste Archäologe in Griechenland. Kaiser Wilhelm hatte bereits als Knabe von seinem Vater Kaiser Friedrich III. eine Erziehung in klassisch-antiker Kultur erhalten[253] und hatte aufrichtiges Interesse für die klassische Kunst und Kultur (ohne Unterschied ob griechisch oder römisch). Hinzu kam zu jener Zeit die Mode der Oberschicht, sich mit der orientalischen Kultur zu beschäftigen (Troja). Jedenfalls war der Kontakt, der zwischen Dörpfeld und dem deutschen Kaiser entstanden war, von Anfang an eng. Und das war besonders in den Jahren 1911 bis 1914 der Fall, als Wilhelm II. das Achilleion für sich einrichten ließ. Auch so lässt es sich erklären, dass Wilhelm Wilberg über Ernst

253 Siehe u.a. Wolfgang Löhlein, Majestät brauchen Scherben: Wenn Wilhelm II. statt seines Szepters den Spaten schwang. In: Antike Welt, Jg. 34, 2003, Heft 6, S. 659–664.

Ziller, bei dem er als Bauzeichner begonnen hatte, den Auftrag erhielt, die Dekorationsentwürfe für die Wand der Säulenhalle des Peristyls im zweiten Stock des Achilleion zu entwerfen.[254] Wilberg war ein ausgezeichneter Bauzeichner und Dörpfelds Empfehlung war naheliegend. Er war nicht mehr mit dem DAI verbunden, sondern leitete die Zweigstelle Athen des inzwischen neu gegründeten ÖAI, aber diese Art von Nebentätigkeit war üblich. Sie galt als große Ehre und hatte wohl keine finanziellen Konsequenzen.

»Für die illustre Schar deutscher Archäologen war es selbstverständlich eine Ehre dem Herrscher zu Diensten zu sein. Sicher auch weil bekannt war, daß alle, die für ihr eigenes oder das Fortkommen ihrer Projekte sorgen wollten, dazu gezwungen waren, um das Wohlwollen des Monarchen zu werben. Hatte man die Unterstützung des Kaisers, so konnte man sich nicht nur gegen berufliche Konkurrenz, sondern häufig auch gegenüber Vorgesetzten durchsetzen.«[255]

Dörpfeld hatte sich nach einem aktiven Leben in Athen, wo er mit Einsatz seiner ganzen Persönlichkeit auf vielen Gebieten tätig war, relativ früh pensionieren lassen (April 1912) um sich so einem seiner wichtigsten persönlichen Anliegen, dem Nachweis der Lage des Ithakas von Odysseus, widmen zu können. Er vermutete es nicht in der Insel Ithaka, sondern in Leukas/Lefkas. Der Kaiser unterstützte das Projekt moralisch und vor allem finanziell. Dörpfeld übersiedelte nach Lefkas – nahe Korfu – und bezog die sogenannte Kaiservilla, sein vom Kaiser geschenktes Domizil. Auch seine dortigen Grabungen wurden vom Kaiser bezahlt.

Nun ergab es sich, dass direkt neben dem ausgedehnten Park von Mon Repos in Korfu/Garitsa – Sommerverbleib König Georgs I. –, wo bereits früh beträchtliche Reste antiker Bauten ans Licht gekommen waren, sich auch bei dem noch existierenden Frauenkloster der Nonnen des hl. Theodor Reste von antiken Fundamenten zeigten. Sie wurden zu Ostern 1911 gesichtet, in der Zeit als Wilhelm II. im Achilleion weilte, das auf seinen Wunsch umgestaltet werden sollte. Kaiser Wilhelm erhielt das Grabungsrecht vom Bürgermeister von Korfu. Er beschreibt sehr plastisch den ersten Fund, der als Beweis einer sich lohnendem Grabung dienen sollte: den Kopf einer Gorgo-Gestalt, Tympanonfigur eines dorischen Artemis-Tempels (Abb. 54 und Abb. 55). Überzeugt von der Bedeutung dieser Grabung ließ Kaiser Wilhelm II. bereits am 16. April 1911 Dörpfeld per Telegramm kommen um die Leitung der Grabung zu

254 Zur Mappe »Corfu« und der Beschreibung des Inhalts siehe oben.

255 Wie einige Archäologen-Biografien des Kaiserreichs zeigen, währten des Herrschers Gunstbezeugungen mitunter sehr lange und ermöglichten auch Seiteneinsteigern glänzende Karrieren. Solche Konkurrenz im Werben um kaiserliche Fürsprache, damit man beruflich oder gesellschaftlich vorwärtskam, bezeichnete der Soziologe Norbert Elias als ›Königsmechanismus‹.« Löhlein a.a.O.

54 Fundamente des Artemis-Tempels beim Frauenkloster des hl. Theodor in Korfu/Garitsa nach Fototafel vor Ort 1904.

55 Fundamente des Artemis-Tempels beim Frauenkloster des hl. Theodor in Korfu/Garitsa 2014.

56 Straßenschild »Odos Doerpfeld«.

übernehmen.[256] Korfu-Stadt ehrte Dörpfeld später dafür, indem sie den Weg dorthin nach ihm benannte (Abb. 56). Es gab vier Kampagnen, jeweils von April–Juni der Jahre 1911, 1912, 1913 und 1914. Der Kaiser war außer im Jahr 1913 immer anwesend. In seinen »Erinnerungen an Korfu« hat er das Abenteuer schriftlich niedergelegt – wissenschaftlich und redaktionell assistiert von Dörpfeld, der deswegen mehrmals während längerer Zeit im damaligen Domizil des Kaisers in den Niederlanden weilte (Schloss Amerongen, Gutshaus Doorn), wo er sich nach seiner Abdankung zurückgezogen hatte.

Weitere Kontakte zwischen Kaiser Wilhelm II. und Wilhelm Wilberg scheint es nicht gegeben zu haben. Dass Wilberg auch zeitweise bei den Grabungen in Korfu anwesend war, ist durchaus möglich. Auf jeden Fall verbrachte er mit seiner Frau Mimi und Sohn Alex die Zeit von Mitte bis Ende 1912 bis Frühsommer 1914 in Athen.

256 Goessler 1951, S. 158. Kaiser Wilhelm II., S. 78 ff. Goesslers Biographie von Dörpfeld (S. 161–163) korrigiert das Bild, das der Kaiser von Entdeckung und Grabung gibt.

V

Erster und Zweiter Weltkrieg, Nachkriegsdepression
1914 bis 1956

Beim Kriegsausbruch im Jahr 1914 wurde Wilberg, der nach seiner Ernennung zum Sekretär seit Juni 1912 die Geschäfte des Ersten Sekretärs des Institutes in Athen geführt hatte, der Wiener Zentrale des Österreichischen Archäologischen Instituts zugeteilt. In den Jahren 1913, 1914 und 1916 ist Mimi in der Hörlgasse 5 verzeichnet.[257] Wilberg befand sich auch vor Kriegsausbruch im Sommer 1914 (nach der Promotion in Graz) in Österreich.[258]

Der schriftliche Kontakt mit Georg Karo setzte sich fort. Wilbergs wissenschaftliche Briefe sind wie immer mit persönlichen Erlebnissen gespickt. Von Salzburg aus gab er dem Institutsleiter Karo brieflich[259] Hinweise, wie er vorgehen solle bei der Glückwunschadresse zur Silberhochzeit eines Französisch sprachigen Königspaars. Mimi gehe es gesundheitlich nicht gut (Brief an Karo vom 22. Juli 1914). Er schickte ihm einen kleinen Aufsatz über Ephesos zur Publikation (Brief vom 29. Juli 1914), den Karo auch kürzen dürfe. Dieser plante von Wien nach Athen zu reisen und erkundigte sich, ob es eine Möglichkeit per Schiff gäbe (Brief vom 1. September 1914), plante dann doch den Landweg über Rumänien, Bulgarien und Saloniki (Brief vom 1. November 1914); seine Reise fand wohl nicht statt. Wilhelm saß in Wien fest und fuhr über Weihnachten nach Salzburg zu seiner Frau und seinem Sohn.

257 Das Haus schließt direkt an das Gebäude in der Türkenstraße an, in dem das ÖAI damals seine Büroräume hatte. Die bereits spätestens 1909 angemietete Wohnung wurde daher vermutlich während der Zeit beibehalten, als die Familie in Athen wohnte. Anfang August 1913 ist »Wilhelm Wilberg, Direktor, mit Gemahlin, Salzburg« in der Gästeliste des Hotels zur Kaiserin Elisabeth in Bad Ischl verzeichnet (wie auch »C. von Vignau, mit Gemahlin, Bremen«). Freundl. Mitteilung von Christa Schauer.

258 Siehe Zeitungsbericht im Neuen Wiener Tagblatt vom 25.11.1916, S. 14: Die Ausweisung deutscher und österreichischer Archäologen aus Griechenland – daran anschließend: Mitteilung des Rektors Prof. Emil Reisch.

259 Briefe im Archiv des DAI Athen (Hinweis Katharina Brandt, DAI Athen).

Am 11. April 1916 wurde erneut ein Heimatschein für Wilhelm Wilberg ausgestellt, auf dem jetzt Wien IX als Ort des Heimatrechts vermerkt ist.[260] Die archäologische Arbeit in Spalato wurde offenbar mit Einschränkungen auch in den Kriegsjahren fortgesetzt. So ist im Nachlass[261] ein Dienstauftrag des k. k. Archäologischen Museums in Spalato erhalten, demnach Dr. Wilhelm Wilberg, als k. k. Sekretär des Österreichischen Archäologischen Instituts in der Zeit vom 15. Oktober 1916 bis zum 15. November eine Reise von Spalato nach Wien und zurück zum Zwecke wissenschaftlicher Arbeit unternehmen werde, wobei er die Grenzen des engeren Kriegsgebiets überschreiten müsse.[262]

Aus den Jahren 1916 bis 1918 ist eine Korrespondenz zwischen Wilhelm Wilberg und Paul Wolters erhalten.[263] Im Brief vom 28. November 1916 (Türkenstrasse 4, Wien) bedankte sich Wilberg für die freundliche Aufnahme seines Aufsatzes über Priene und bat um gelegentliche Durchsicht des beigelegten Artikels über das Nereiden-Denkmal in Ephesos. Die Abfassung wurde durch eine »längere aktive militärische Dienstzeit« (in welcher Form auch) verzögert, jetzt müsse er noch auf das Werk von Niemann warten, auf das er sich beziehe. Im Brief vom 9. Januar 1917 bedankte sich Wilberg für die Mühe, die sich Wolters durch seine gewissenhafte kritische Arbeit gemacht habe.[264] Wiegand und Schrader seien mit seinen Ergebnissen zu Priene nicht einverstanden, ihre Begründung wisse er nicht. Es folgen bautechnische Diskussionen. Im Brief vom 31. Januar 1917 gab Wilberg an, die Bemerkungen und Korrekturen von Wolters im Artikel zum Nereiden-Denkmal eingearbeitet zu haben. Er kommt im Brief vom 28. September 1918 noch einmal auf das Nereiden-Denkmal zurück: Er könne den Aufsatz nicht publizieren, so lange das Werk von Niemann nicht erschienen sei, das bereits seit vier Jahren zum Drucken bereit liege. Es fehle aber das Papier und es fehle das Vorwort von Emil Reisch (Niemann war 1912 verstorben). Er überlege seinen Text umzuschreiben und in Deutschland zu publizieren. Der Text (mit den Rekonstruktionszeichnungen) von Niemann und einem Vorwort von Reisch erschien 1921, Wilbergs Text wurde nicht veröffentlicht.

260 Ein ähnlicher Heimatschein mit demselben Datum liegt bei für Marie Wilberg.
261 Archiv Vignau-Wilberg, Fürstenfeldbruck.
262 Unterschrieben von Prof. Dr. Emil Reisch, Direktor des ÖAI, und vom Direktor des Museums in Spalato, Msgr. Frane Bulić (Vranjic bei Split 1846–1934 Zagreb). Klassischer Archäologe und katholischer Priester. Studium in Wien bei Conze, Benndorf und Hirschfeld. Grabungen in Dalmatien.
263 Paul Wolters (Bonn 1858–1936 München). Klassischer Archäologe und Philologe. 1883/84 und 1886/87 Stipendiat des DAI in Athen. 1887 Zweiter Sekretär am DAI, neben Dörpfeld. 1900 Lehrstuhl an der Universität Würzburg, 1908 in München. Überarbeitung von Katalogen und Handbüchern. Ab 1909 Mitglied der Zentraldirektion des DAI. Nachlaß in der Handschriftensammlung der Bayerischen Staatsbibliothek, Wolteriana.
264 Handschriftensammlung der Bayerischen Staatsbibliothek, Wolteriana, td45041_00003.jpg.

57 Wilhelm Wilberg in Uniform, 1915/16.

Auf einem Foto ist der etwas gealterte 43-jährige Wilhelm in österreichischer Militäruniform zu sehen (Abb. 57)[265]. Ein vollkommen unerwartetes Ereignis führte zu einem Ende dieser im Privaten relativ unbeschwerten Zeit. Mimi starb am 8. Dezember 1916 in Wien, 33 Jahre alt, einer mündlichen Überlieferung zufolge während einer Operation, bedingt durch das Versagen der Anästhesie.[266] Damit findet auch die üppige fotografische Dokumentation des Privatlebens von Wilhelm Wilberg ein abruptes Ende.

Einerseits sind die folgenden Jahre jene, in denen Wilberg durch Orden und Auszeichnungen am meisten öffentliche Anerkennung erhielt (siehe Anhang). Andererseits folgt nicht nur für ihn eine Periode im ehem. Kaiserreich, in dem innerhalb des Vakuums der aufgelösten alten Ordnung eine Umschichtung auf allen Gebieten statt-

265 Es lässt sich nicht klären, woraus die »längere aktive militärische Dienstzeit« bestanden hat.

266 Begraben im Dornbacher Friedhof in Wien XVII. (Gr. XI, Nr. 24), wie auch die Mitglieder der Familie Gerold. – Auf dem Dornbacher Friedhof wurde 1916 auch Mimis Onkel Dr. Heinrich Favarger bestattet, 1924 seine Frau Bernardine (die Eltern von Lily). Dieses Grab ist aufgelassen.

fand. In dieser Periode war Emil Reisch Direktor der Zentrale des ÖAI (1909–1933). Die Zeit des Ersten Weltkriegs und der Nachkriegszeit bedeutete auch kulturell eine Umstrukturierung. Die archäologischen Projekte, die sich vor dem Ersten Weltkrieg größtenteils in der Türkei, in Griechenland und in den österreichischen Kronländern entfaltet hatten, verlagerten sich nun ins Inland der wesentlich kleineren Republik. Die Grabungen in Ephesos der Jahre 1895–1913 wurden bis 1926 unterbrochen. Zwischen den beiden Weltkriegen erfolgten rigorose Sparmaßnahmen, wobei auch der wissenschaftliche Stab reduziert wurde.

Aus den Jahren 1915 bis 1920 sind zwei Postkarten und drei längere Briefe von der Hand von Wilhelm Dörpfeld an Wilhelm Wilberg erhalten.[267] Dörpfeld, 1853 geboren und um viele Jahre älter als Wilhelm Wilberg, hatte sich aus dem aktiven Institutsleben in Athen zurückgezogen und um seine Pensionierung ersucht. Sie wurde ab April 1912 gewährt. Er wollte sich von dann an ausschließlich seinen Forschungsprojekten widmen. Durch den Ausbruch des Ersten Weltkriegs und aus familiären Gründen war sein Wohnort zunächst Berlin (vgl. Postkarte Januar 1915), dann zog er nach Jena zu seiner Schwester (vgl. Brief vom 17. Juni 1920). Der Inhalt der gesamten Korrespondenz bezieht sich auf eine geplante Neuauflage des »Theaterbuchs« vom Jahr 1896. Wilberg wurde gebeten architektonische Zeichnungen zu ergänzen und zu korrigieren und auch zusammen mit Dörpfeld einen ergänzenden Aufsatz zum Dionysos-Theater zu schreiben. Man könne, so Dörpfeld, letzteres sogar separat publizieren, eventuell als Ergänzungsheft des Deutschen Institutes.

In Dörpfelds Briefen vom Sommer 1920 (17. Juni, 26. Juni und 7. Juli) ist erneut von der Neuauflage des Theaterbuches die Rede. Der Verleger (damals Barth und von Hirst in Athen) sei jetzt de Gruyter in Berlin. Es käme nicht so bald zur Drucklegung, weil Papier fehle und die Zeit wirtschaftlich ungünstig sei. Da Dörpfeld [1920] der Überzeugung sei, nie wieder nach Griechenland zurück zu kehren (durch eine neue Konstellation geschah das bereits 1921), bat er Wilberg um die Prüfung zahlreicher Baubefunde, wenn er in Athen wäre. Sie sollten sich treffen, um über die Ergänzungen der Theater in Ephesos und Elis zu sprechen. Er habe gehört, dass Wilberg im Frühjahr in Athen gewesen sei und seine Möbel dort verkauft habe – was darauf hinzuweisen scheine, dass er nicht zurückzukehren gedenke.[268]

Im Jahr 1920 hatte Wilhelm offenbar eine geheime Mission für die Regierung der Niederlande durch zu führen. Dies ist ersichtlich aus einem Dokument mit folgendem Text: »Je soussigné, Ministre des Pays-Bas à Athènes, déclare par les présentes, que

267 Archiv Vignau-Wilberg, Fürstenfeldbruck.

268 Die geplante zweite Auflage des Theaterbuches ist leider nie erschienen.

Monsieur le Dr Wilhelm Wilberg est porteur de dépeches officielles pour la Legation de Sa Majesté La Reine à Vienne, lesquelles dépeches sont renfermées dans une valise, revetue des sceaux de la Legation Royale à Athènes«. Datiert: Athen, 2. März 1920. Le ministre des Pays-Bas, mit Namen. Der Empfang wurde am 12. März 1920 von der Gesandtschaft quittiert.[269] Die Mission hatte offenbar den Zweck, den privaten und staatlichen (d.h. wissenschaftlichen) Besitz von Josef Keil[270], der 1914 von Smyrna zum Kriegsdienst einberufen worden war und durch Otto Walter im Frühjahr 1917 bis Januar 1919 in Smyrna ersetzt wurde, in die Obhut des Königlichen Niederländischen Konsulats in Griechenland zu übergeben.[271]

Wilhelm Wilberg wollte aufgrund seiner angegriffenen Gesundheit vorzeitig in den Ruhestand treten. Im April 1922 reichte er auch ein offizielles Ansuchen ein, dem dann ab 1. September 1922 entsprochen wurde.[272] Davor hatte er bereits mit dem Direktor Emil Reisch über sein vorzeitiges Ausscheiden gesprochen. Man konnte seiner Bitte umso leichter Folge leisten, da bei der Wiedereröffnung des Sekretariats Athen künftig nur mehr ein einziger Sekretärposten besetzt werden sollte und dafür in Sekretär Otto Walter eine vorzügliche Kraft zur Verfügung stand. Otto Walter erhielt die Dienstwohnung des 1. Sekretärs im ÖAI Athen, während Walters ehemalige Wohnung im Institut nun vermietet werden konnte.[273] Wilberg gab für seine Versetzung in den Ruhestand triftige Gründe an, die dem Direktor Reisch einleuchteten. Dieser hoffte seinerseits, dass Wilberg dem Institut auch nach seiner Pensionierung

269 »Die Kgl. Niederländische Gesandtschaft in Wien bestätigt hiermit ein versiegeltes Packet von die [sic] Gesandtschaft in Athen von den Herr Dr. Wilhelm Wilberg erhalten zu haben.« Einträge in Wilbergs Reisepaß, die mit diesem diplomatischen Auftrag zu tun haben: Ausgestellt durch die Polizeidirektion Wien, 28. November 1919. Dr. Wilhelm Wilberg, Sekretär des österr. Archäolog. Instituts. Zweck: Dienstreise nach Griechenland und zurück; 1. Dez. 1919: im Auftrag der Kön. Niederl. Botschaft Reise nach Griechenland; 13. Dez. 1919: Italienisches Visum für Reise nach Piräus über Triest; 28/10 Februar 1920: Kgl. Niederl. Botschaft in Athen: Visum für Rückkehr nach Wien; die »Legation Royale des Pays Bas à Athenes« ist: »chargée de la protection des interets et sujets Austro-Hongrois en Grece«; Italienisches Visum um sich nach Wien über Triest zu begeben (14. Februar 1920).

270 Josef Keil (Reichenberg/Böhmen 1878–1963 Wien). 1904–1914 (nominell bis 1918) war Keil Sekretär des Österreichischen Instituts in Smyrna, beteiligte sich an den Ausgrabungen in Ephesos und 1910 in Elis und unternahm seit 1905 im Auftrag der k. k. Akademie der Wissenschaften Reisen durch Kleinasien. Nach einer Kriegsverwundung in Serbien 1914 und weiterem Militärdienst war Keil nach Kriegsende Sekretär des Österreichischen Archäologischen Instituts in Wien; 1920 habilitierte er sich für Alte Geschichte. 1926–1935 war er Leiter der (österreichischen Seite der) Ausgrabungen in Ephesos. Direktor des ÖAI 1949–1951, 1951–1956 Mitdirektor mit Otto Walter und Fritz Eichler. Funktionen an der Akademie der Wissenschaften und der Universität Wien.

271 Vgl. Wlach in: 100 Jahre, S. 111, 113.

272 Schreiben im Archiv Vignau-Wilberg, Fürstenfeldbruck.

273 Wien, ÖAI. Schreiben vom 5. April 1921 von Emil Reisch an das Bundesministerium für Inneres und Unterricht.

58 Adele Gerstle in späteren Jahren. Foto aus dem Ausweis, 1938.

für wissenschaftliche Tätigkeit zur Verfügung stehen würde und bedankte sich für die geleistete Arbeit von 25 Dienstjahren.

Wilhelm Wilberg stellte sich vor, ähnlich wie Dörpfeld, sein Leben weiter als Privatgelehrter zu fristen und erhielt eine angemessene Pension. Er fühlte sich außerdem finanziell abgesichert durch seine zweite Ehe am 22. März 1923 mit Adele Gerstle (Abb. 58), in ihrer vorherigen Ehe verheiratet mit Wilhelm Mareš.[274] Adele Gerstle war die Besitzerin der Herrschaft und des Schlosses Ottensheim bei Linz, was Wilberg bei der Ehe eine solide Grundlage schien. Das Schloss Ottensheim aus dem 11. Jahrhundert hatte eine sehr bewegte Vergangenheit und seit dem 19. Jahrhundert ständig

274 Adele Leopoldine Gerstle (geb. 26.10.1871 in Wien) war die Tochter des Wiener Großkaufmannes Maximilian Gerstle (1843–1923) und der Leopoldine Victoria geborenen Flesch aus Brünn. In erster Ehe hatte sie 1891 den früh verstorbenen Industriellen Robert Ritter von Skoda geheiratet (von dem sie geschieden wurde), danach in zweiter Ehe im Jahr 1900 in Budapest den Bankier Julius Deutsch (1853–1910) (nachdem sie den ungarischen Treueeid geleistet hatte). Aus der Ehe mit Skoda stammte die Tochter Margarete (Gretel), aus der Ehe mit Deutsch stammten der Sohn Kurt und die Tochter Eva Maria, die den Namen des dritten Ehemannes Wilhelm Mareš (verstorben 1918) annahmen. Margarete (Gretel) Skoda heiratete am 8. Juni 1920 in der Schlosskapelle Ottensheim Eduard Plappart-Leenheer (bis zum Adelsaufhebungsgesetz 1919 Eduard Frhr. Plappart von Leenheer), Statthaltereirat in

59 Schloss Ottensheim bei Linz, 1930.

wechselnde Besitzer.[275] (Abb. 59). Eine Beschreibung in der Linzer Zeitschrift »Heimatgaue« mit einem Rundgang durch das Schloss aus dem Jahr 1926 gibt einen guten Eindruck von der kultivierten Welt, in der sich Wilhelm damals einige Zeit aufgehalten hat.[276] Gekauft hatten das Schloss im Jahr 1916 Wilhelm Mareš und Frau Adele Mareš, geb. Gerstle, je zur Hälfte. Das Schloss, vor allem seine Einrichtung, war beim Erwerb nicht mehr als eine Ruine. In den ersten Kriegsjahren beherbergte es eine Kompagnie des Linzer Hausregimentes. Nach dem Tod von Wilhelm Mareš im Jahr 1918 war Adele Mareš die Alleinbesitzerin, ab 1923 gemeinsam mit ihrem Ehemann, Dr. Wilhelm Wilberg. »Das Gut wurde durch Zukäufe auf den heutigen Stand von ungefähr 450 Joch vergrößert und ausgebaut, auch alle sonstigen modernen Erneuerungen stammen aus dieser Zeit. Die Baulichkeiten des Schlosses und die Wirtschaftsgebäude

Linz (später Hofrat). Die Familie Plappart-Leenheer besaß und besitzt seit 1920 die Burg Neuhaus an der Donau (Mühlkreis).

275 Siehe 1228–1928. Festschrift zur 700 Jahr-Feier des Marktes Ottensheim / Donau. Im Selbstverlage der Marktkommune Ottensheim (1928), S. 58–59 (»Die Besitzer der Herrschaft Ottensheim. Urkundliche Zusammenstellung von Ph. Blitterdorff)«.

276 Stefan Franz von Havranek, Geschichte des Schlosses und Marktes Ottensheim. In: Heimatgaue, 7. Jg., Heft 1, Linz 1926, S. 24 ff.

wurden einer gründlichen Renovierung unterzogen. Das Innere das Schlosses wurde mit allem Komfort der Neuzeit ausgestattet, die Inneneinrichtung wurde von der jetzigen Besitzerin hierhergeschafft und bildet das Werk einer jahrelangen geschickten Sammlertätigkeit, da sie zur Gänze aus guten alten Möbeln und zum Teil aus in der Kunst- und Sammlerwelt bekannten Kunstwerken besteht«. Es folgt eine liebevolle genaue Beschreibung des Interieurs.

Sohn Alex besuchte nach der Deutschen Schule in Athen vom Schloss Blumenstein aus das Gymnasium in Salzburg, danach das Gymnasium in Gmunden, das er 1924 abschloss. Wilhelm Wilberg kündigte ihm am 20. Februar 1923 an, dass er »nach den langen Jahren des Alleinseins [sich] entschlossen habe, wieder zu heiraten«. Er möchte durch diesen Schritt auch dem Sohn wieder ein Heim und einen festen Boden schaffen, »wohin du immer kommen kannst.« Er lud ihn im nächsten Brief zur Hochzeit am 22. März 1923 ein. Im Linzer Volksblatt vom 28. März 1923 wurde der Trauung in der Schlosskapelle große Aufmerksamkeit gezollt,[277] bei der Vertretungen der Marktgemeinde, der Schule und sämtlicher Behörden und Vereine ihre Aufwartung machten – was durch großzügige Spenden des Schlossherrn erwidert wurde.

Alex kündigt seiner Großmutter in einem Brief an, dass er am 5. Mai 1923 nach Ottensheim fahren werde, um dort seinen Geburtstag zu feiern. Auch am 26. September 1923 kündigte er seiner Großmutter in Schloss Blumenstein einen Besuch in Ottensheim an.

Diese harmonische Situation währte nicht lange. Schon am 15. März 1924 erschien im Linzer Tagblatt ein bissiger Artikel,[278] der sich in erster Linie gegen Adele Wilberg wandte. Das Ottensheimer Schloss sei verpfändet und komme unter dem Hammer. Es lasteten Millionen von Schulden auf dem Haus. Die Schlossherrin sei durch ihre Misswerwaltung selbst daran schuld. Wilhelm Wilberg wurde als ihr vierter Mann bezeichnet. In der Linzer Tagespost vom 15. Juli 1925 wurde geschildert, wie Adele Wilberg einem Bankier und einem spekulierenden hohen Geistlichen auf den Leim gegangen war, die sich auf ihren Kosten bereicherten und dann ins Ausland verschwunden seien.[279] Am 17. Juli 1925 fand eine Versteigerung des Schlosses und was dazu gehörte, statt; das Schloss fand aber keinen Käufer. So war die Familie Gerstle-Wilberg nicht lange in dem unbeschwerten Genuss dieses renovierungsbedürftigen Schlosses, sondern ihr Leben war vielmehr fortan von großen finanziellen Schwierigkeiten geprägt.

Zwischen Vater und Sohn Wilberg sollte es zu einer Entfremdung kommen, wie sich in ihrer kurzen Korrespondenz zeigt. Großmutter Favarger, 79-jährig, legte Alex nahe, seinen Vater zu bitten, ihn künftig beim Studium der Rechtswissenschaften in

277 Hinweis Christa Schauer, 7.9.2020.
278 Hinweis Christa Schauer, 7.9.2020.
279 Hinweis Christa Schauer, 7.9.2020.

Innsbruck finanziell zu unterstützen, wie sie es bisher getan hatte. Allerdings war Alex künftiger Miterbe (1928 nach dem Tod der Großmutter) von Schloss Blumenstein. Inzwischen, im Jahr 1927, war Schloss Ottensheim aus der Konkursmasse von Adele und Wilhelm Wilberg von der Kärntner Bank zum Ausrufpreis erstanden worden.[280] Wilberg habe im Brief vom 29. November 1927 auf die Frage von Alex geantwortet: Da er keinerlei Anstellung habe und ihm bis auf weiteres die Pension gesperrt sei bis zur Abstattung der währenden Steuern, müsse er ihn auf eine spätere Zeit vertrösten.

Am 8. Oktober 1929 schrieb Wilhelm Wilberg an seinen Sohn, dass er im Sommer nicht mehr verreisen könne, da ihm das Geld dazu fehle und außerdem Mutter Adele immer wieder krank sei und sich in Sanatorien aufhalten müsse. Er sei archäologisch sehr beschäftigt (wohl mit dem Publizieren der Forschungsergebnisse). Im Brief vom 24. März 1933 schilderte er seine deprimierende finanzielle Lage. »Die Unmöglichkeit, jetzt irgendwelche Kunstgeschäfte zu machen [die Rede ist auch vom Verkauf von Kupferstichen] hat mich in eine sehr unangenehme Lage gebracht, da ich das unbedingt Notwendige nicht verdienen kann. Ich will dir nicht vorklagen, da du, wie ich vermute, doch nicht glaubst, dass es so schlimm sei.... Wenn aber nicht Gretl[281] Lebensmittel schicken würde, weiß ich nicht wie es weitergehen sollte. ... So geht das Leben ziemlich freudlos weiter, seit vielen Wochen bin ich abends nicht ausgegangen um Geld zu sparen. Sonst aber sind wir Gottlob gesund.« Sohn Alex lehnte mit »ich kann leider nichts für dich tun« seine Bitte um Hilfe ab, was ihn bis tief ins Herz verletzte.[282]

Da offenbar das Geld zum Leben durch die Insolvenz schon in den zwanziger Jahren sehr knapp war, bemühte sich Wilhelm Wilberg mit unterschiedlichen Unternehmungen seinen Lebensunterhalt zu verdienen. So verfasste er auch feuilletonartige Kurzartikel über interessante Themen für ein kulturhistorisch gebildetes Publikum, die aber nicht für eine Fachzeitschrift bestimmt waren. Es sind die Abschriften (Durchschläge des Schreibmaschinen-Manuskriptes) zu vielseitigen Themen erhalten.[283]

280 Festschrift Ottensheim 1928, S. 59.
281 Wohl Gretel (Margarete) Plappart (von Leenheer), Tochter aus der ersten Ehe Adeles mit Robert von Skoda. Siehe oben.
282 Brief von Alexander an Wilhelm Wilberg, 15. April 1933.
283 Es sind: »Wanderbühnen im Altertum« (Theater spielte in der Antike eine immer größere Rolle und die kleinen wandernden Schauspieltruppen schlossen sich zu größeren Genossenschaften zusammen, nannten sich »dionysische Techniten«) – »Die Insel der Panajia« (die Verehrung der heilenden Hagia Maria Evangelistria auf der Insel Tinos und die Prozessionen) – »Man trägt in Zypern – Forschungen auf einer vergessenen Insel« (archäologische und anthropologische Betrachtung der Insel Zypern mit besonderer Berücksichtigung der Ikonenmalerei und der Textilien) – »Byrons Haus auf Kephallonia« (eine Ehrerweisung).– »Kino vor 150 Jahren« (Würdigung des nahezu unbekannten Gesamtkunstwerks aus Bild, Ton und Bewegung »Eidophysicon«, das Philippe Loutherbourg (Lutherburg) (1740–1812) 1781 in London als Freund des Schauspielers Garrick mit viel Erfolg entwickelt hatte) – »Repressalien (einer alten Chronik nacherzählt)« (die Rache des preußischen Königs Friedrich des Großen gegen die Zensur und das Bücher- Revisionskommissariat der Jesuiten in Wien).

Der Stoff der Texte ist interessant, der Stil angenehm und spannend.[284] Aus dem Inhalt der Texte lässt sich eine Entstehungszeit der Mitte der dreißiger Jahre annehmen. Christa Schauer erwähnt zwei Radiosendungen von 1934 über »Eine Besteigung des Olymps« und »Bei den Mönchen auf dem Athos« [285]. Es ist durchaus möglich, dass die getippten Texte ebenfalls als Vorlagen für Rundfunksendungen dienten.

Bei diesen Abschriften wird eine (undatierte) Kopie eines Essays über eine Nachbildung eines altgriechischen Rechentisches aufbewahrt (7 S.), der laut Text von der Braunschweiger Firma Walter Peters hergestellt wurde. Offenbar hatte Wilberg bis ins hohe Alter sein Interesse für die verschiedenen Facetten der griechischen Antike behalten.

Am 12. (25.) Februar 1914, kurz vor dem Ausbruch des Ersten Weltkriegs, hatte Wilhelm Wilberg im Institutsgebäude an der Leoforos Alexandras im Rahmen der öffentlichen Sitzung des Österreichischen Archäologischen Instituts einen Vortrag zu seinem Forschungsthema »Das grosse Nymphaeum in Ephesos« gehalten. Publiziert wurde der Vortrag nicht. Im Nachlass sind fünf architektonische Zeichnungen des »Nymphaeum« erhalten, säuberlich ausgeführt und beschriftet, 1940 datiert und mit »W.« oder »W.W.« monogrammiert. Sie waren wohl für eine größere Publikation bestimmt, die zu Lebzeiten von Wilhelm Wilberg nicht mehr erschien. Das »(Große) Nymphaeum« befand sich an der sogenannten Kuretenstraße östlich der Celsus-Bibliothek in Ephesos, durch deren Rekonstruktion Wilberg am meisten bekannt wurde. Dank den jüngeren Forschungen von Hilke Thür ließ sich die Konstruktion des Bauwerks mehrfach korrigieren; es wird heute richtiger als Heroon des Ktistes Androklos oder Heroon-Brunnen bezeichnet.[286] Ähnlich wie bei Wilhelm Dörpfeld (siehe Korrespondenz 1915–1920 über das Theaterbuch) ist das »Nymphaeon« ein Projekt, das sich in der zweiten Hälfte von Wilbergs Leben fortsetzt. Im Nachlass[287] sind Bleistiftzeichnungen auf bräunlichem, brüchigem (Kriegs-)Papier erhalten:

a. »Grundriß des Unterbaues Nymphaeum in Ephesus, W. 1940«; Maße 21,1 x 29,8 cm (Abb. 60).
b. »Nymphaeum in Ephesus. Grundriß des Oberbaus. 1940 Wilberg«; Maße: 21,1 x 29,8 cm (Abb. 61).

284 Siehe die im Neuen Wiener Journal am 18.10.1925 und 8.12.1925 abgedruckten Texte »Kleinasien als Ziel für Auswanderer« und »Literarische Scherze«.

285 Schauer 2020, S. 508.

286 Hilke Thür, Der ephesische Ktistes Androklos und sein Heroon am Embolos. In: Jahreshefte des Österreichischen Archäologischen Institutes, Bd. 64, 1995, S. 63–103; Hilke Thür, Werkspuren am hellenistischen Heroon-Brunnen in Ephesos. In: Werkspuren – Materialverarbeitung und handwerkliches Wissen im antiken Bauwesen. Internationales Kolloquium in Berlin vom 13.–16. Mai 2015 veranstaltet vom Architekturreferat des DAI im Henry-Ford-Bau der Freien Universität Berlin, hrsg.von Dietmar Kurapkat und Ulrike Wulf-Rheidt. Regensburg 2017, S. 135–148.

287 Archiv Vignau-Wilberg, Fürstenfeldbruck.

c. »Nymphaeum in Ephesus Seitenansicht. 1940. W.W.«; Maße: 42,1 x 29,8 cm (Abb. 62).
d. »Nymphaeum in Ephesus. Schnitt durch die Mitte. 1940. W.W.« Maße: 42,1 x 29,6 cm (Abb. 63).
e. »Nymphaeum in Ephesus. Frontansicht. W.W. 1940«; Maße: 42,1 x 29,8 cm (Abb. 64).

Das nächste Zeugnis stammt vom Ende des Zweiten Weltkriegs: Gründonnerstag. 6. April 1944. Der Brief von Wilhelm Wilberg ist an Irmgard Wilberg adressiert, die Frau seines Sohnes Alex. Wilhelms Brief ist trotz allem heiter, es ist schließlich Ostern, auch wenn es diesmal keine Eier geben kann. Adele hatte sogar ein Päckchen mit ein paar Spielsachen »organisieren« können. Adele sei herzkrank, aber sie haben eine rührende Hilfe, die fast gar nichts koste. Er schreibt humorvoll über diese dunkle Zeit und spielt auch hier auf einen Kunstverkauf (Bilder) an. Als verspätetes Weihnachtsgeschenk ließ ihm Alex das 1943 erschienene Griechenlandbuch von Erhart Kästner zukommen,[288] das mit seinen feinen Strichzeichnungen und sensiblem Text sein Herz erfreut haben wird – auch wenn er sich vereinzelt einen kritischen Kommentar im gedruckten Text nicht verkneifen kann. »Pa zur verspäteten Weihnacht 1943 in Erinnerung an Griechenland 1912–1914 und an den Grossen Krieg 1939–...«

Kurz nach dem Ende des Zweiten Weltkrieges, am 9. September 1945, starb Adele Wilberg, seine zweite Ehefrau – wie es in der Sterbeurkunde heißt, an Gefäßverkalkung, Ruhr und Unterernährung. Adele wurde laut der Todesanzeige am 14. September auf dem Dornbacher Friedhof beerdigt und zwar im »Familiengrab«, d.h. im selben Grab, in dem auch Mimi 1916 begraben wurde.[289] Wilhelm Wilberg war gesundheitlich am Ende seiner Kräfte. Ein Brief vom Gesundheitsamt des Magistrats der Stadt Wien (Dr. Friedrich Grünberg) vom 27. April 1946 bestätigte dem 73-Jährigen eine Herzmuskelerkrankung und hochgradige Entkräftung und befürwortet eine Kur in Gmunden (O.Ö).

Im Jahr 1952 erschien in der Tageszeitung »Die Presse« eine würdevolle Laudatio zum 80. Geburtstag von Wilhelm Wilberg, geschrieben von Josef Keil,[290] der Wilbergs Verdienste für die Archäologie hervorhob. Er beschreibt ihn als seit einigen Jahren so gut wie blind; er bewohne nur noch ein einzelnes Zimmer in der Mozartgasse 4,

288 Griechenland – ein Buch aus dem Kriege. Text Erhart Kästner. Zeichnungen Helmut Kaulbach. Berlin, Verlag Gebr. Mann 1943. 269 S., viele reproduzierte Federzeichnungen.

289 Grab Abt. XI, Nr. 24. Laut Auskunft der Verwaltung Friedhof Hernals/Dornbach ist das Grab vor längerer Zeit aufgelöst worden. Es sind darin außer den beiden Ehefrauen von Wilhelm Wilberg keine weiteren Familienmitglieder bestattet worden.

290 Mit den Initialen »J. K.« unterschrieben. Josef Keil (1878–1963). Archäologe, Philologe, Epigraphiker, Sekretär des ÖAI in Smyrna 1904–1914 (nominell bis 1918), Habilitation 1920, Leiter des Ephesos-Unternehmens von österreichischer Seite ab 1926, Ordinarius in Wien 1936, von 1949 bis 1951 Direktor, dann von 1951 bis 1956 Mitdirektor des Österreichischen Archäologischen Instituts in Wien. Siehe Abb. 65.

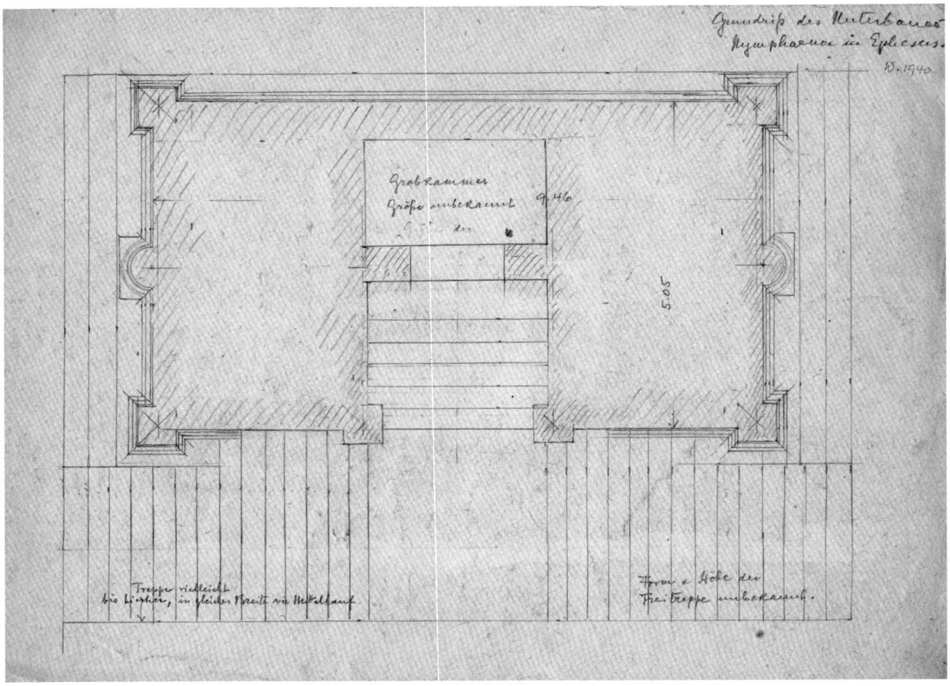

60 Wilhelm Wilberg, 1940, Nymphaeum in Ephesos: Grundriß des Unterbaues.

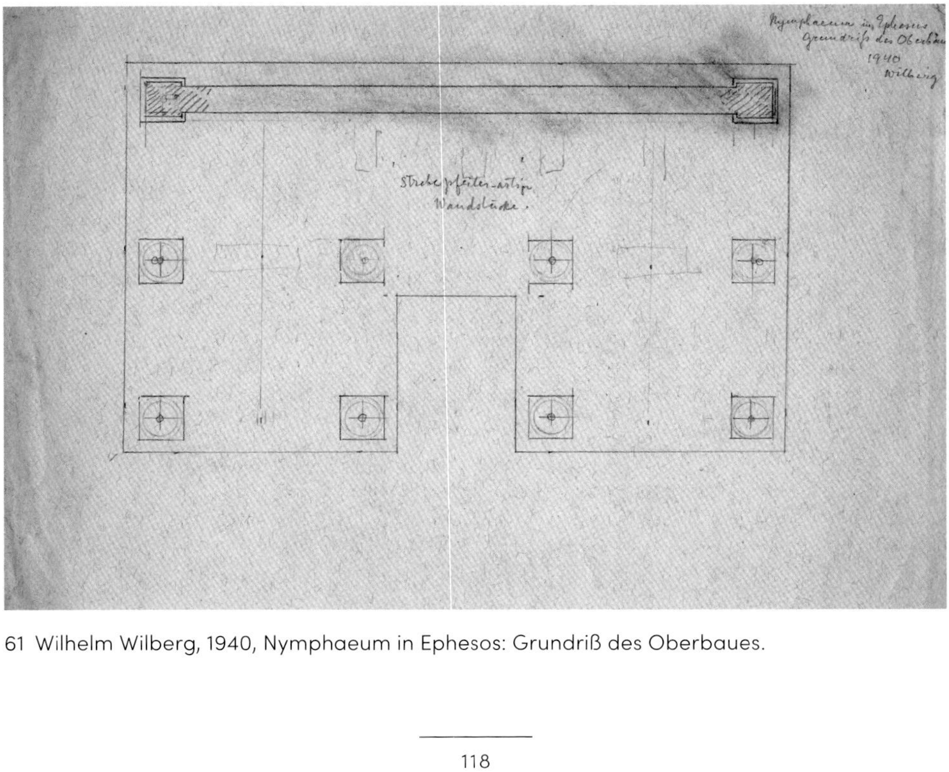

61 Wilhelm Wilberg, 1940, Nymphaeum in Ephesos: Grundriß des Oberbaues.

62 Wilhelm Wilberg, 1940, Nymphaeum in Ephesos: Seitenansicht.

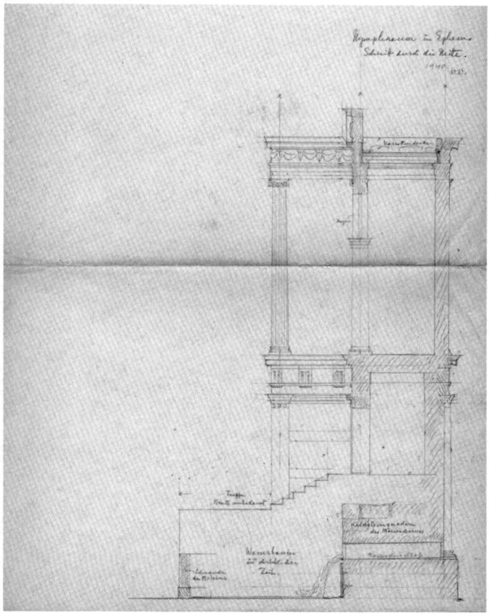

63 Wilhelm Wilberg, 1940, Nymphaeum in Ephesos: Schnitt durch die Mitte.

64 Wilhelm Wilberg, 1940, Nymphaeum in Ephesos: Frontansicht.

Die Presse 28. November 1952

Arch. Dr. Wilhelm Wilberg 80 Jahre

In dem ihm von seiner Wohnung, Mozartgasse 4, im Jahre 1945 belassenen Zimmer begeht Dr. Wilhelm Wilberg am 1. Dezember seinen 80. Geburtstag. Das Wort „feiert" würde nicht am Platze sein, denn Wilberg ist seit Jahren fast völlig erblindet, und es ist, da sein einziger Sohn auswärts lebt, recht einsam um ihn geworden. Aber die Wissenschaft und im besonderen das Archäologische Institut haben alle Ursache, des Mannes, der sein schweres Los ohne Klage trägt, an diesem Tage zu gedenken.

Als Sohn des Buchhändlers und Kaiserlich deutschen Konsuls Karl Wilberg 1872 in Athen geboren und von dem Altmeister der griechischen Architektur und Ausgrabungstechnik Wilhelm Dörpfeld herangebildet und bei den Grabungen in Athen, Troja und Priene bewährt, wurde Wilberg 1898 von Otto Benndorf als Architekt in den Dienst des Österreichischen Archäologischen Instituts genommen. In dieser Stellung hat er namentlich als Teilnehmer an den Ausgrabungen in Ephesus, aber auch an anderen Grabungsplätzen Hervorragendes geleistet und in schönen Publikationen veröffentlicht. Im Jahre 1912 zum ersten Sekretär der Athener Abteilung des Instituts ernannt, hat Wilberg diesen Posten infolge des ersten Weltkrieges nur kurz versehen können, und im Jahre 1922 hat der Abbau dem Institut auch seinen unersetzlichen Architekten weggenommen.

Es muß als ein Glück betrachtet werden, daß Wilberg seine umfangreichen Aufnahmen unversehrt bewahren und dem Institut übergeben konnte. Dieses Material wird auch weiterhin Zeugnis ablegen von der ausgezeichneten wissenschaftlichen Leistung des Jubilars.

J. K.

65 Josef Keil, Laudatio zum 80. Geburtstag von Wilhelm Wilberg.

66 Grabstein von Wilhelm Wilberg am Evangelischen Friedhof in Gmunden, Oberösterreich.

das ihm 1945 belassen wurde. »Es muss als ein Glück betrachtet werden, dass Wilberg seine umfangreichen Aufnahmen unversehrt bewahren und dem Institut übergeben konnte. Dieses Material wird auch weiter Zeugnis ablegen von der ausgezeichneten wissenschaftlichen Leistung des Jubilars«, so Josef Keil (Abb. 65).[291]

Wilhelm Wilberg starb am 14. August 1956 im Josephsheim in Gmunden, im 84. Lebensjahr. Laut Todesanzeige fand die Aussegnung am 18. August 1956 in der katholischen Friedhofkapelle in Gmunden statt, die Beisetzung erfolgte anschließend auf dem evangelischen Friedhof in Gmunden in Anwesenheit von Sohn Alex und Enkel Peter (Abb. 66).[292]

291 Die Presse, 28. November 1952. Hinweis Christa Schauer.

292 Es gab eine heil. Seelenmesse am 20. August in der Stadtpfarrkirche Gmunden. Laut dem Schreiben vom 16. März 1923 von Pater Rupert Aichleitner, Pfarramt Ottensheim, wurde Dr. Wilberg am 16. März 1923 in die Katholische Kirche aufgenommen (sein Übertritt in die römisch-katholische Kirche vor seiner Hochzeit mit Adele ist im Trauungsbuch von Ottensheim vermerkt – jetzt aber nicht mehr online einzusehen.

Anhang

Veröffentlichungen von und zu Wilhelm Wilberg

1894
Wilhelm Dörpfeld, Troja 1893. Bericht über die im Jahre 1893 in Troja veranstalteten Ausgrabungen, unter Mitwirkung von Alfred Brückner, Max Weigel und Wilhelm Wilberg. Leipzig 1894.

1896
Wilhelm Dörpfeld und Emil Reisch, Das griechische Theater. Athen 1896 (die meisten Abbildungen im Text sowie die acht Falttafeln im Anhang sind von Wilhelm Wilberg gezeichnet).

1899
Friedrich Frhr. Hiller von Gaertringen, Die Insel Thera in Altertum und Gegenwart mit Ausschluß der Nekropole, unter Mitwirkung von A. Schiff, W. Wilberg u.a. Berlin 1899.

1900
Rudolf Heberdey und Wilhelm Wilberg, Grabbauten von Termessos in Pisidien. In: Jahreshefte des Österreichischen Archäologischen Institutes, Bd. III, 1900, S. 177–210.

1901
Wolfgang Reichel und Adolf Wilhelm, Das Heiligthum der Artemis zu Lusoi. In: Jahreshefte des Österreichischen Archäologischen Institutes, Bd. IV, 1901, 1–89 (darin Zeichnungen von Dachterrakotten von Wilhelm Wilberg).

1902
Wilhelm Dörpfeld, Troja und Ilion: Ergebnisse der Ausgrabungen in den vorhistorischen und historischen Schichten von Ilion 1870–1894, unter Mitwirkung von Alfred Brückner, Hans von Fritze, Alfred Götze, Hubert Schmidt, Wilhelm Wilberg, Hermann Winnefeld. Athen 1902.

1904
Die archaische Poros-Architektur der Akropolis zu Athen. Hrsg. von Theodor Wiegand, unter Mitwirkung von W. Dörpfeld, E. Gilliéron, H. Schrader, C. Watzinger und W. Wilberg. Cassel und Leipzig 1904.

1904
Priene: Ergebnisse der Ausgrabungen und Untersuchungen in den Jahren 1895 – 1898 von Theodor Wiegand und Hans Schrader, unter Mitwirkung von G. Kummer, W. Wilberg, H. Winnefeld, R. Zahn. Berlin 1904.

1906
Wilhelm Wilberg, Das alte Artemision. In: Forschungen in Ephesos, Bd. I, Wien 1906, S. 1–15.

1906
Wilhelm Wilberg und Rudolf Heberdey, Der Viersäulenbau auf der Arkadianestrasse. In:

Forschungen in Ephesos, Bd. I, Wien 1906, S. 132–142.

1906
Heinrich Swoboda und Wilhelm Wilberg, Bericht über Ausgrabungen in Grado. In: Jahreshefte des Österreichischen Archäologischen Institutes, Bd. IX, 1906, Beiblatt, Sp. 4–23.

1908
Hans Liebl und Wilhelm Wilberg, Ausgrabungen in Asseria. In: Jahreshefte des Österreichischen Archäologischen Institutes, Bd. XI, 1908, Beiblatt, Sp. 17–87.

1908
Wilhelm Wilberg, Die Fassade der Bibliothek in Ephesos. In: Jahreshefte des Österreichischen Archäologischen Institutes, Bd. XI, 1908, S. 118–135.

1909
Wilhelm Wilberg, Stierkopfkapitelle aus Ephesos. In: Jahreshefte des Österreichischen Archäologischen Institutes, Bd. XII, 1909, S. 207–214.

1910
Josef Durm, Die Baukunst der Griechen. Leipzig 1910 (Abb. 473, 474: Fassade der Bibliothek in Ephesos).

1912
Rudolf Heberdey, George Niemann, Wilhelm Wilberg, Das Theater in Ephesos. Vorwort von Emil Reisch. In: Forschungen in Ephesos, Bd. II, 1912, S. 5–52: Beschreibung und Geschichte des Baus.

1914
Wilhelm Wilberg, Zum Athena-Tempel in Priene. In: Athenische Mitteilungen, XXXIX, 1914, S. 72–82 (datiert 1913).

1919
Wilhelm Wilberg, Die Entwicklung des dorischen Kapitells. In: Jahreshefte des Österreichischen Archäologischen Institutes, Bd. XIX–XX, 1919, S. 167–181.

1923
Wilhelm Wilberg und Josef Keil, Die Agora. In: Forschungen in Ephesos, Bd. III, 1923, S. 1–168.

1923
Wilhelm Wilberg, George Niemann, Rudolf Heberdey, Torbauten am Hafen. In: Forschungen in Ephesos, Bd. III, 1923, S. 169–223.

1923
Wilhelm Wilberg, Der Aquädukt des C. Sextilius Pollio. In: Forschungen in Ephesos, Bd. III, 1923, S. 256–262.

1923
Wilhelm Wilberg, Das Brunnenhaus am Theater. In: Forschungen in Ephesos, Bd. III, 1923, S. 266–273.

1944
Wilhelm Wilberg, Das Gebäude. In: Forschungen in Ephesos, Bd V, Heft 1, Die Bibliothek, S. 1–42 (2. Aufl. 1953).

Korrekturen in einem Teil eines Exemplars des Baedeker-Führers Griechenland: Kleinasien (1904, 4. Auflage), S. 369–448. Im Text ein Stempel der Druckerei Breitkopf und Haertl, datiert Oktober 1902.

Manuskript »Eleusis«: wohl Text für eine Neuauflage des Baedeker-Führers zu Athen. Handschriftlich, 47 nummerierte Seiten, 9 Zeichnungen. Späteste Datierung bei der angegebenen Literatur: 1910.

Literatur

Peter Goessler, Wilhelm Dörpfeld – ein Leben im Dienst der Antike. Stuttgart 1951, passim.

Friedmund Hueber und Volker Michael Strocka, Die Bibliothek des Celsus. Eine Prachtfassade in Ephesos und das Problem ihrer Wiederaufrichtung. In: Antike Welt, 6, 1975, Heft 4, S. 3–14.

Anton Bammer, Architektur als Erinnerung. Archäologie und Gründerzeitarchitektur in Wien. Wien 1977, S. 86–87.

Theodor Wiegand, Halbmond im letzten Viertel: Archäologische Reiseberichte. Mainz 1985, S. 28 (mit biographischem Index).

Reinhard Lullies und Wolfgang Schiering (Hrsg.), Archäologenbildnisse. Porträts und Kurzbiographien von klassischen Archäologen deutscher Sprache. Mainz 1988, S. 153 (E. Diez), 214 (H. Kenner).

Traute Wohlers-Scharf, Die Forschungsgeschichte von Ephesos. Frankfurt am Main – Berlin – Wien 1995, S. 184–185.

Veronika Mitsopoulos-Leon (Hrsg.), Hundert Jahre Österreichisches Archäologisches Institut Athen 1898–1998. Wien – Athen 1998.

Veronika Mitsopoulos-Leon, Zur Geschichte der Zweigstelle Athen des Österreichischen Archäologischen Instituts. In: Mitsopoulos-Leon (Hrsg.) 1998, S. 9–24.

Christa Schauer, Die »Sekretäre« des Sekretariats Athen und ihre Tätigkeit. In: Mitsopoulos-Leon (Hrsg.) 1998, S. 25–55.

Anton Bammer, Das Gebäude des Österreichischen Archäologischen Instituts in Athen. In: Mitsopoulos-Leon (Hrsg.) 1998, S. 71–77.

Kandler / Wlach (Hrsg.): 100 Jahre Österreichisches Archäologisches Institut 1898–1998. Hrsg. von Manfred Kandler und Gudrun Wlach. Wien 1998. Sonderschriften des Österreichischen Archäologischen Institutes, Band 31.

Manfred Kandler siehe auch Kandler / Wlach (Hrsg.).

Gudrun Wlach siehe auch Kandler / Wlach (Hrsg.).

Manfred Kandler, Forschungen im Ausland. In: Kandler / Wlach (Hrsg.), S. 20–24.

Veronika Mitsopoulos-Leon, Die Zweigstelle Athen. In: Kandler / Wlach (Hrsg.), S. 86–88.

Gudrun Wlach, Die Akteure – Die Direktoren und wissenschaftlichen Bediensteten des Österreichischen Archäologischen Institutes. In: Kandler / Wlach (Hrsg.), S 99–132.

Gilbert Wiplinger, Ephesos. In: Kandler / Wlach (Hrsg.), S. 189–198 (speziell S. 190, 195).

N. Vogeikoff-Brogan, An Epistolary Window on One Woman's Greek Experience. In: AKOUE Newsletter of the American School of Classical Studies at Athens, 65, 2011, S. 18, 20.

Katja Sporn (Hrsg.) unter Mitarbeit von Themistoklis Bilis, Das Deutsche Archäologische Institut in Athen. Architektur und Geschichte, Athen 2018.

Sporn / Kankeleit (Hrsg.): Katja Sporn und Alexandra Kankeleit (Hrsg.), Die Abteilung Athen des DAI und die Aktivitäten deutscher Archäologen in Griechenland 1874–1933. Tagung DAI Cluster 5 in Athen. Deutsches Archologisches Institut und Benaki Museum, Athen, 12.–13. Dezember 2016. Athen 2019.

Alexandra Kankeleit siehe auch Sporn / Kankeleit (Hrsg.).

Katja Sporn siehe auch Sporn / Kankeleit (Hrsg.).

Natalia Vogeikoff-Brogan, On the trail of the »German Model«: The American School of Classical Studies at Athens and the German Archaeological Institute (DAI), 1881–1918. In: Sporn / Kankeleit (Hrsg.) 2019, S. 253–267.

Alexandra Kankeleit, The German Archaeological Institute at Athens and the German School of Athens 1896–1932. In: Sporn / Kankeleit (Hrsg.) 2019, S. 279–299.

Christa Schauer, Akteure und Schicksale. Addenda zur frühen Geschichte der Zweigstelle Athen des DAI. In: Akten des 17. Österreichischen Archäologentages am Fachbereich Altertumswissenschaften, Klassische und Frühägäische Archäologie der Univer-

sität Salzburg vom 26. bis 28. Februar 2018. Hrsg. von Lydia Berger, Lisa Huber, Felix Lang und Jörg Weilhartner. Salzburg 2020, S. 501–511.
Ulrike Outschar und Ursula Quatember, Die Anfänge der Österreichischen Bauforschung in Kleinasien. In: Stein auf Stein. Festschrift für Hilke Thür zum 80. Geburtstag. Hrsg. von Karin Koller, Ursula Quatember und Elisabeth Trinkl. Graz 2021, S. 277–290.

Archivalien zu Wilhelm Wilberg

ATHEN

Deutsches Archäologisches Institut (DAI), Fidiou 1, GR 106 78 Athen (https://www.dainst:org/standort/athen/archiv)
Die umfangreiche Korrespondenz im DAI wird derzeit digital erschlossen. An Zeichnungsmaterial befinden sich dort ein von Dörpfeld aufgenommener und von Wilhelm Wilberg gezeichneter Plan vom Kabirion von Theben sowie weitere noch nicht digitalisierte Pläne von Wilberg: Grabhügel von Marathon. Plan der Ausgrabungen (4 Blatt), datiert 7. April 1893 (Inv. Nr. 494) – Athen, Akropolis, Westabhang, Lenaion (Dionysion) (6 Blätter) datiert 8. März 1895 (Inv. Nr. 533) – Planskizze von Tenos, datiert 27. Mai 1895 (Inv. Nr. 540) – Antiker Bau auf Arkonnesos, Umzeichnung, datiert 29. November 1895 (Inv. Nr. 551), jeweils mit Literatur.

Österreichisches Archäologisches Institut, Zweigstelle Athen/Österreichische Akademie der Wissenschaften (ÖAI), Leoforos Alexandras 26, GR 106 83 Athen (https://www.oeaw.ac.at)
Mehrere Skizzenbücher, bei Grabungen und auf Reisen entstanden, manche außen oder innen beschriftet, wie Athen 1895 (2x), Inselreise 1896, Spalato 1900/1901, Troja, Kibyra, Balbura, Oinoada, Kretopolis 1902.

American School of Classical Studies at Athen, Archives, Souidas 54, GR 106 76 Athen (https://www.ascsa.edu.gr/)
Nellie M. Reed Papers, Alfred Emerson Papers, Ruth Emerson Papers.

BERLIN

Deutsches Archäologisches Institut (DAI AdZ, Archiv der Zentrale), Podbielskiallee 69–71, D 141 95 Berlin (https://www.dainst.org/standort/zentrale/archiv/)
Nachlaß Wiegand: acht Briefe, eine Postkarte: Wilhelm Wilberg an Theodor Wiegand, 1897–1898 aus Athen, Priene, Izmir – Nachlaß Wolters: Brief von Wilberg an Paul Wolters, 1914 aus Salzburg.

FÜRSTENFELDBRUCK

Peter und Thea Vignau-Wilberg, Ettenhoferstrasse 17, D 82256 Fürstenfeldbruck (thea.vignau@freenet.de)

Auswahl:
Mappe, graue Pappe, 42 x 33 cm, beschriftet in Blau »Corfu« mit Material zur Renovierung des Peristyls des Achilleion in Korfu: Fotos vor 1898, Risse des Bauamts, Handzeichnungen der Entwürfe Wilhelm Wilbergs (1911) für die Verzierung des Peristyls. Siehe S. 99–103.
Konvolut »Nymphaeum« (1940) mit fünf Rekonstruktionen des »Nymphaeum« in Ephesos. Siehe S. 116–119.
Wilhelm Wilberg, Notizblock, Seiten nicht nummeriert, auf der ersten Seite »Überblick über die griechische Kunst // W. Wilberg«. 10,0 x 15, 8 cm. Mit sieben Bleistiftskizzen griechischer Kunstwerke.

Brief von Heinrich Schliemann an den Architekten Ernst Ziller, 25. März 1886, 14, 3 x 22,1 cm, einseitig beschrieben.

Tagebuch von Karl Wilberg, Bd. I. 19. Juli 1864–31. Mai 1875. 192 paginierte Seiten, doppelseitig beschrieben. 21, 2 x 17, 3 cm.

Tagebuch von Karl Wilberg, Bd. II, 2. Juni 1875 – 17. Juli 1882. 288 paginierte Seiten, davon 176 doppelseitig beschrieben 20, 6 x 17, 0 cm.

Fremdenbuch der Familie Karl Wilberg in Athen. Gedruckte Vorlage, Hannover (Verlag von Heinr. Feesche, 3. Aufl.), Seiten nicht paginiert. Erster Eintrag »1857«, letzter Eintrag »Athen, den 22. Januar 1893«. Vorletzter Eintrag »1881«. Gäste angeführt nach Jahr, Name und Wohnort, bis 1881 Schrift von Karl Wilberg. 24, 2 x 16,7 cm.

Fremdenbuch Neu Waldegg 1868: Gästebuch von Rosa und Moritz (von) Gerold, 1868–1904. Holzdeckel mit Lederrücken, 22, 2 x 15, 6 cm. 370 Seiten, bis zur letzten Seite (S. 369) beschrieben. Auf dem Vorsatzblatt »Erhalten Sommer 1869 von Johanna v. Zahn«. Mit Widmungstext (4 S.) von Albert und Johanna von Zahn. Bleistift, Federzeichnungen und Aquarelle mit Einträgen u.a. von Leop. Ranke (S. 13), Heinrich Brockhaus Leipzig (S. 141), Max Planck München (S. 141), Franz von Pausinger (S. 149), A. Favarger (S. 160).

Ferdinand Gregorovius, Korfu. Eine ionische Idylle. Leipzig 1884, 2. Aufl. Mit Widmung »Ihrer lieben Mimi zur Erinnerung an die wunderschönen Tage in Corfu von ihrer Lily. 16. April 02«. 104 S., 16, 8 x 11, 3 cm.

Gästebuch der Familie Wilhelm Wilberg in Athen. Erster Eintrag am 1. Dezember 1912 (Wilhelms 40. Geburtstag). Seiten nicht nummeriert. Letzter Eintrag am 8. Mai 1914. Roter Ledereinband, 18, 2 x 14, 8 cm. Eingetragen am 1. Dezember 1912 Elsa Cunze und Hans Cunze sowie Georg Karo; am 16. Dezember 1912 Otto Weinreich und Fritz Eichler; Sylvester 1912 Agnes Dörpfeld (Wilhelm Dörpfelds Schwester), Georg Karo, Herbert Koch, Fritz Eichler und Otto Weinreich; am 3. Februar 1913 Otto Walter, H. Knackfuss; am 17. April 1913 A.W. Byvanck Dr. Josef Keil; am 8. Mai 1914 Guido Freiherr Kaschnitz von Weinberg.

Zahlreiche Einzelfotos und mehrere Fotoalben mit Beschriftung unter den Fotos.

GRAZ

Universität Graz, Universitätsarchiv (https://archiv.uni-graz.at/de/bestaende/digitaler-bestand-online/)

Doktoratsakt Wilhelm Wilberg (https://unipub.uni-graz.at/obvugruada/content/titleinfo/1597735)

MÜNCHEN

Bayerische Staatsbibliothek, Abt. Handschriften und Alte Drucke, Ludwigsstraße 16, D 80539 München

Nachlaß Paul Wolters, Woltersiana: Briefe von Wilhelm Wilberg an Paul Wolters.

WIEN

Österreichisches Archäologisches Institut / Österreichische Akademie der Wissenschaften, Franz Klein-Gasse 1, A 1190 Wien, Archiv (https://www.oeaw.ac.at)

Screenshots von 600 Handzeichnungen, die bereits in der Bilddatenbank eingepflegt sind. Ephesos-Unterlagen im Dokumentationsarchiv (Zeichnungen); Asseria: Zeichnungen, Skizzenbuch. Personalakten bis 1940 betr. Verwaltung.

Österreichische Nationalbibliothek, Sammlung von Handschriften und Alten Drucken, Josefsplatz 1, A 1015 Wien (https://www.onb.ac.at)

Teilnachlass Otto Benndorf (2 Briefe von Wilhelm Wilberg an Otto Benndorf); Teilnachlass Rosa von Gerold (5 Briefe von Marie Favarger-Gottlieb an Rosa von Gerold; 5 Briefe von Mimi Wilberg-Favarger an Rosa von Gerold).

Orden und Auszeichnungen

15. Februar 1899: Ernennung zum Korrespondierenden Mitglied des k.k. Österreichischen Archäologischen Institutes in Wien.
21. April 1900: Ernennung zum Korrespondierenden Mitglied des Kaiserlich Deutschen Archäologischen Institutes in Berlin.
7. März 1902: Goldenes Verdienstkreuz mit der Krone (Kanzlei des Kaiserlich Österreichischen Franz Joseph-Ordens).
6. Mai 1912: Königlicher Preußischer Kronen-Orden III. Klasse.
21. April 1913: Ernennung zum Wirklichen Mitglied des Kaiserlich Deutschen Archäologischen Instituts in Berlin.
28. Januar 1914: Ernennung zum Ehrenmitglied der Griechischen Archäologischen Gesellschaft in Athen.
1. Oktober 1915: Bronzene Ehrenmedaille vom Roten Kreuz mit der Kriegsdekoration.

Register

Bildnachweise

ASCSA, Archives: Abb. 10 (Ruth Emerson Papers) und 11 (Nellie M. Reed Papers)
DAI, Archiv: Abb. 7 (D-DAI-ATH-1990.0025)
ÖAI, Archiv: Abb. 43
Rüdiger Herrmann, Starnberg: Abb. 13
Internet: Wikimedia Commons: gemeinfrei Abb. 1, 2; Abb. 8: www.dainst.org/documents/10180/15360/Das+Deutsche+Archäologische+Institut+Athen+-+Architektur+und+Geschichte.pdf/; Abb. 46: Wikimedia Commons; Corfu Achilleion R05.jpg
Kunsthandel Florian Härb: Abb. 31
Touristische Repro Ephesos / Selçuk: 28
Verfasser: Abb. 50, 51, 55, 56, 66
Olivia Lichtscheidl, Sisi auf Korfu. Die Kaiserin und das Achilleion. Wien 2012, S. 42: Abb. 47
Archiv Vignau-Wilberg, Fürstenfeldbruck: Abb. 3–6, 9, 12, 16–25, 29, 30, 32–42, 44, 45, 48, 49, 52, 53, 57–64
Die Fotos aus dem Archiv Vignau-Wilberg sind alle in Familienbesitz. Die Fotos wurden zum Teil von Wilhelm Wilberg selbst aufgenommen oder entstanden in seinem engeren Umkreis. Die Fotos, die durch die Schenkung von Ann Townsend hinzukamen, sind Abb. 5, 9, 12, 19–22.